INTELIGENCIA ARTIFICIAL GENERAL

EDICIONES UNIVERSIDAD CATÓLICA DE CHILE
Vicerrectoría de Comunicaciones
Av. Libertador Bernardo O'Higgins 390, Santiago, Chile

lea.uc.cl

INTELIGENCIA ARTIFICIAL GENERAL.
MIT Press / Conocimientos esenciales

Julian Togelius

Noviembre 2025
ISBN 978-956-14-3472-1
ISBN digital 978-956-14-3473-8

Traducción: Programa de Magíster en Traducción - Facultad de Letras UC
Ilustración de portada: Joaquín Rosas Sotomayor
Diseño y diagramación: versión productora gráfica SpA
Impresión: A impresores

CIP - Pontificia Universidad Católica de Chile

Nombres: Togelius, Julian, autor.
Título: Inteligencia artificial general.
Descripción: Santiago, Chile : Ediciones UC.
Materias: CCAB: Inteligencia artificial. | Aprendizaje de máquina. | Inteligencia Computacional.
Clasificación: DDC 006.3 —dc23

Registro disponible en: https://buscador.bibliotecas.uc.cl/permalink/56PUC_INST/vk6o5v/alma 997632113103396

INTELIGENCIA ARTIFICIAL GENERAL

JULIAN TOGELIUS

MIT Press / Conocimientos esenciales

Massachusetts Institute of Technology

EDICIONES UC

CONTENIDOS

PRÓLOGO DE LA SERIE

La serie de Conocimientos esenciales de MIT Press ofrece libros de bolsillo accesibles, concisos y atractivos sobre temas de interés actual. Escritos por destacados pensadores, los libros de esta colección ofrecen una visión general de expertos sobre los más variados temas que van desde lo cultural e histórico a lo científico y técnico.

En la era actual de información instantánea, tenemos fácil acceso a opiniones, racionalizaciones y descripciones superficiales, mientras que el conocimiento fundamental que entrega una comprensión del mundo basada en principios es mucho más difícil de encontrar. Los libros de esta serie satisfacen esta necesidad. Al sintetizar conceptos especializados para un público no experto y abordar temas críticos a través de los fundamentos, cada uno de estos volúmenes compactos ofrece a los lectores un punto de acceso a ideas complejas.

Bruce Tidor
Profesor de Ingeniería Biológica e Informática
Instituto de Tecnología de Massachusetts

AGRADECIMIENTOS

Recibí valiosas observaciones sobre la versión preliminar del manuscrito de parte de varios revisores amables y expertos: Sam Earle, Giansiracusa, Ahmed Khalifa, Jerry Swan, Mike Preuss y tres revisores anónimos. Sus sugerencias me han ayudado a mejorar el libro de muchas formas, aun cuando no las implementé exactamente como lo sugirieron. Claramente, todos los errores son de mi completa responsabilidad. Sin embargo, estoy seguro de que este texto tiene más información factual que si lo hubiese escrito GPT-4. Créanlo o no, en ningún momento pensé en recurrir a la ayuda de un modelo de lenguaje para escribir este libro.

También me gustaría agradecer a Elizabeth Swayze y Matt Valades, de MIT Press, quienes respaldaron este proyecto con entusiasmo y tuvieron paciencia con mi actitud liberal respecto de los plazos.

En especial, quisiera agradecer a Raz y Dylan por tolerar que trasnochara y pasara soleadas tardes de fin de semana con este libro en vez de estar con ellos. ¡Los amo!

CAPÍTULO 1

Introducción

Cuando hablamos de inteligencia artificial (IA), el término podría significar varias cosas. Podría referirse al centenario sueño de contar con máquinas verdaderamente inteligentes, que puedan razonar tan bien como cualquiera de nosotros. Podría referirse a alguna de las variadas representaciones de la IA que aparecen en películas y libros, desde *Terminator* a *WALL-E*, sin olvidar al Comandante Data, de *Star Trek: la nueva generación*. Podría referirse también a la investigación, teórica o aplicada, que se lleva a cabo en los laboratorios universitarios y que se publica en artículos académicos. O podría referirse a tecnologías reales que usamos todos los días y que, automáticamente, planifican nuestra ruta al conducir, mejoran nuestras fotografías, controlan los personajes de nuestros videojuegos, realizan nuestras búsquedas en la web o nos presentan publicidad basada en esas búsquedas.

En el debate general, es común que se confundan estos distintos significados. Por ejemplo, puedes leer un titular como "La IA controlará al mundo", pero luego, al fijarte en la función de autocompletar texto potenciada por IA de tu teléfono, concluyes que algo tan torpe claramente no va a tomar control del mundo en un futuro cercano. O quizás estás considerando comprar un auto nuevo con funciones de conducción asistida potenciadas por IA, pero te preocupa que pueda tener una mente propia (posiblemente asesina), como HAL 9000 de *2001: Odisea del espacio*. En mi experiencia, pasar de leer un artículo que especula sobre la posibilidad de que la IA vuelva obsoletos a los seres humanos, a enfocarme en los experimentos que estoy desarrollando en que los bots que entreno corren en círculos y chocan con las paredes en vez de luchar entre sí, es un poco surrealista.

Hace que te preguntes si la gente que escribe tales titulares ha intentado alguna vez desarrollar un sistema de IA.

Una fuente de confusión es creer que el software y el hardware reales son ficción. Otra es confundir los sistemas que ejecutan una única tarea con los que pueden realizar una amplia variedad, incluidas tareas para las que no fueron entrenados ni construidos. Los sistemas de IA ficticios que aparecen en *2001: Odisea del espacio*, *Terminator* y *WALL-E* cuentan con un abanico maravilloso de capacidades. Por ejemplo, el Terminator original puede imitar de manera convincente las voces de personas que recién ha conocido, elaborar planes complejos, hacer trabajo de detective, conducir una motocicleta y luchar contra docenas de policías usando una amplia gama de armamento. En cambio, AlphaGo, el sistema de IA que asombró a la humanidad en 2016 cuando derrotó a los mejores jugadores de Go del mundo, solo puede jugar Go. Ni siquiera puede jugar ajedrez, a menos que lo vuelvas a entrenar desde cero. No sabe ni lo básico de conducir una motocicleta o de luchar contra las fuerzas de la ley.

Este libro trata sobre la *inteligencia artificial general* (IAG), un término que todavía no cuenta con una definición clara. Muchos han intentado definirla, pero a menudo las definiciones son poco precisas y, en ocasiones, se contradicen. Por ejemplo, Bill Gates define la IAG de manera sucinta como "software que es capaz de aprender cualquier tarea o tema".[1] En cambio, John Carmack, el legendario programador de videojuegos y cocreador de *Doom*, la define como "una forma de IA que va más allá de imitar la inteligencia humana para comprender cosas y resolver problemas".[2] El investigador en IA, Murray Shanahan, define la IAG como "inteligencia artificial que no se especializa en llevar a cabo tareas específicas, sino que puede aprender a desempeñar un amplio abanico de tareas como si fuera un humano".[3] Es fácil pensar en varios sistemas que encajarían en alguna de estas definiciones pero no en las otras. Si quisiéramos, podríamos encontrar muchas más definiciones para tomar en consideración. El investigador en IA, Ben Goertzel, analizó docenas de definiciones de IAG en un exhaustivo artículo publicado en 2014. Desde entonces, el debate sobre la IAG solo se ha intensificado.[4]

En este libro, entiendo la IAG como un software que puede realizar una amplia variedad de cosas, que puede resolver un gran número de problemas y que es extraordinariamente más competente que los sistemas de IA que tenemos hoy en día. Podemos contrastar esto con la *IA estrecha*, que se refiere a sistemas que ejecutan una sola tarea o unas pocas, pero estrechamente relacionadas. Todos, o casi todos, los sistemas de IA existentes tienen un alcance más bien estrecho.

Otro término sobre el cual no tenemos una definición única y universalmente aceptada es *inteligencia artificial*. Desde que el término fue utilizado por primera vez en los sesenta, se ha propuesto un sorprendente número de definiciones a veces hasta contradictorias, lo que, en parte, refleja la gran variedad de enfoques computacionales que se han seguido bajo el título de inteligencia artificial.[5] Algunas de estas definiciones ponen énfasis en el modelamiento de la inteligencia biológica o humana; otras se conectan con las nociones de inteligencia provenientes de la psicología; algunas se enfocan en conceptos computacionales específicos, tales como símbolos o funciones, y otras se siguen preocupando del tipo de tareas que un sistema de IA podría resolver. En este libro, uso el término *inteligencia artificial* con dos significados distintos. El primero es el objetivo de que las máquinas realicen cosas que en el presente los humanos hacen mejor; en particular, aquellas acciones que parecen requerir cierta reflexión cuando los humanos las llevan a cabo (en la práctica, "máquinas" se refiere a computadores digitales, al menos por ahora). El segundo significado de la *IA* se refiere a un conjunto de algoritmos, software y conocimientos desarrollado por investigadores y programadores que se enfoca en la solución de problemas que parecen necesitar cierta inteligencia. Aunque este libro trata sobre la IA en el sentido de la misión de construir inteligencia en las máquinas, a menudo hablaré de algunas de las tecnologías individuales de IA que se han desarrollado.

Una expresión que no encontrarás en este libro, y que no deberías encontrar en ninguna obra de autores expertos en este tema, es "una IA". No existe tal cosa en el mundo hoy, sino que existen varias piezas de software y hardware que se han desarrollado para intentar lograr varias capacidades. Para evitar confusiones, cuando hable de los resultados de la investigación en IA, hablaré en vez de sistemas de IA, herramientas de IA y algoritmos de IA. Es importante recordar que varias de las cosas que etiquetamos como "IA" son bien diferentes entre sí, y que un programa que juega ajedrez tiene poco en común con un programa que genera imágenes vívidas.

El tema del libro es la IAG y, dado que todavía no existen IAG —más específicamente, los sistemas más generales de IA todavía no son muy generales—, uno se podría preguntar por dónde comenzar. La respuesta obvia es comenzar por la historia, pero no por la historia de la IA en general, sino por aquella de la inteligencia artificial sobrehumana. Como tal, el próximo capítulo ahonda en las seis décadas de historia de la IA para describir varios ejemplos de sistemas de IA que hacen las cosas mejor que los humanos. El punto central del capítulo es que, en cierto dominio de problemas, si bien las capacidades sobrehumanas son impresionantes y a menudo útiles, no constituyen necesariamente un paso hacia una inteligencia general. A medida que avancemos, trataré de dar a conocer parte de la amplia variedad de métodos técnicos en que se basan los distintos sistemas de IA.

Estamos hablando de inteligencia artificial, pero todavía no hemos aclarado qué queremos decir con "inteligencia". El capítulo 3 trata de la inteligencia del tipo no artificial. La inteligencia ha sido estudiada, entre otros, por filósofos, psicólogos y etólogos (estudiosos del comportamiento animal). Revisaremos un par de conceptos clave del estudio de la inteligencia en humanos y en animales, y su relación con la inteligencia artificial general. Esta revisión incluye la distinción fundamental entre inteligencia fluida e inteligencia cristalizada, la que podemos usar para comprender las diferencias entre los distintos métodos de IA, e incluye el factor *g*, que pretende ser una medida de la inteligencia general en los humanos.

Sin embargo, también analizaremos la teoría relevante dentro de la investigación en IA. En el capítulo 4 se exploran los intentos de la comunidad de IA para definir la IAG. Asimismo, se analizan algunos argumentos matemáticos a favor y en contra de la posibilidad de la IAG. Entre ellos se encuentran los contraintuitivos teoremas "no hay almuerzo gratis", que parecen indicar que la inteligencia general es imposible, pero también incluyen el concepto de inteligencia universal, que intenta superar esta limitación teórica.

Todas estas teorías acerca de la inteligencia y de la inteligencia artificial pueden parecer bastante abstractas y no nos ayudan necesariamente a imaginar cómo sería la IAG. En el capítulo 5, se exploran algunas visiones sobre cómo podría ser la IAG, con amplia referencia a la ciencia ficción. Las historias de ciencia ficción han inspirado a generaciones de investigadores en IA, así que pueden ayudarnos no solo a pensar, sino también a diferenciar los posibles futuros de la IA.

Los siguientes tres capítulos se alejan de la argumentación abstracta y se adentran en el mundo de la investigación aplicada en IA. En ellos, se revisarán aproximaciones prácticas a la creación de la IAG. En el capítulo 6, se exploran las principales direcciones que sigue la investigación en IA y se trata de evaluar si alguna de ellas, por sí sola, podría liderar el camino hacia la IAG. Un spoiler: no.

En los siguientes dos capítulos se examinan las aproximaciones a la IAG que considero más promisorias. La primera, analizada en el capítulo 7, corresponde a los modelos fundacionales construidos mediante aprendizaje autosupervisado. En los años recientes, se han visto resultados increíbles en el entrenamiento de grandes redes neuronales con enormes volúmenes de datos extraídos de internet mediante *scraping* o extracción automática de información. Las redes obtenidas a veces son asombrosamente capaces, ya que pueden desempeñar tareas para las cuales no fueron entrenadas explícitamente. GPT-4 de OpenAI fue entrenado solamente para predecir texto, pero puede traducir, resumir, argumentar filosóficamente, hacer tu tarea y muchas otras cosas. Otro modelo fundacional, Stable Diffusion, puede generar una enorme variedad de imágenes como respuesta a prompts textuales (instrucciones escritas para interactuar con IA) y, también, puede comprimir imágenes y retocarlas, entre otros. Sin embargo, también es muy fácil encontrar ejemplos de tareas que estos maravillosos modelos (todavía) no pueden hacer. ¿Podrá expandirse este enfoque? ¿Podemos simplemente seguir entrenando redes más grandes, con más y más datos, y llegar a alguna forma de IAG?

En el capítulo 8 se describe otro enfoque complementario a la IAG, a saber, el aprendizaje abierto en entornos virtuales. En este enfoque, los sistemas de IA son agentes que actúan en mundos simulados en lugar de aprender pasivamente de datos creados por humanos. La idea, aquí, es permitir que la IA surja, o evolucione, inspirada por la manera en que la inteligencia evolucionó en la Tierra. Desde hace mucho tiempo que los científicos estudian agentes que aprenden a actuar con el fin de maximizar recompensas; sin embargo, aunque esta línea de investigación ha mostrado un progreso importante, los agentes tienden a aprender estrategias específicas, que son opuestas a las generales. Lo nuevo en el aprendizaje abierto es que el sistema de IA crea sus metas sobre la marcha y genera los problemas que este piensa que debería tratar de solucionar. Esto evita la trampa de la sobrespecialización. Hemos visto algunos resultados alentadores con tales sistemas, pero ¿llegarán a aprender, en algún momento, habilidades que sean útiles para nosotros?

Ahora bien, supongamos que logramos construir un sistema de inteligencia artificial con un considerable nivel de generalidad. ¿Existirá algo que sea similar a lo que sería un sistema así? ¿Tendrá un punto de vista y tendrá conocimiento de sí mismo? Si así fuera, ¿eso nos haría éticamente responsables del sistema? En el capítulo 9, se aborda la complicada cuestión de la consciencia de la IAG. Si bien en este punto no hay mucho que decir con algo de certeza, se han propuesto algunos interesantes argumentos.

Preparados con este conocimiento, estamos listos para enfrentar la idea más notable en la IAG, la razón principal por la que tanta gente no solo está emocionada con el desarrollo de la IAG sino también asustada. El capítulo 10 está dedicado al argumento de la superinteligencia o singularidad tecnológica. En pocas palabras, el argumento establece que un sistema de IA suficientemente inteligente podría aprender, una y otra vez, cómo automejorarse y, así, volverse todavía más hábil, con un crecimiento exponencial de inteligencia. Intelectualmente, para un sistema como este seríamos hormigas. ¿Tiene sustento tal argumento? ¿Concuerdan sus supuestos con lo que sabemos acerca de la IA?

En el capítulo 11 se abordan los efectos de la IAG en la sociedad. ¿Qué podría significar un hipotético sistema de IAG para el empleo y para nuestra autoestima? ¿Limitaría nuestra capacidad para gobernar nuestra sociedad? Considerar la IAG en el contexto de nuestra sociedad completa es esclarecedor, pues nos ayuda a comprender mejor el rango de cosas que los humanos realizan y las tareas que una verdadera IA general debería ser capaz de resolver.

Por último, en el capítulo 12 intentaré resumir el libro en una conclusión concisa. Al llegar al final del libro, me resultará casi imposible abstenerme de expresar algunas opiniones propias. Nivel de picante: medio.

Pero todavía no llegamos ahí. Primero, volvamos a la antigüedad de la historia digital.

CAPÍTULO 2

Breve historia de la IA sobrehumana

Hoy en día ya contamos con máquinas que tienen una inteligencia sobrehumana, lo que quiere decir que son mejores que la mayoría de los humanos en tareas que parecieran requerir inteligencia. Estas máquinas con inteligencia sobrehumana existen desde hace mucho tiempo, como mínimo algunas décadas. Cuánto tiempo exactamente dependería en parte de qué tareas consideramos que requieren inteligencia, lo que parece haber cambiado con los años.

La historia de la inteligencia artificial, entendida como los esfuerzos por desarrollar computadores capaces de realizar cosas que, si las hiciera un humano, parecerían inteligentes, se remonta a la década de 1940. La razón de esto es que antes de dicho periodo no existían computadores digitales de propósito general. Prácticamente desde el momento en que se crearon los primeros computadores de este tipo —torpes, lentos y extremadamente limitados según los estándares actuales—, comenzaron a usarse en experimentos de inteligencia artificial. De hecho, la promesa de la inteligencia artificial fue una motivación clave en el desarrollo de los computadores, tanto por la convicción de su enorme potencial para automatizar el razonamiento y el aprendizaje de diversos tipos, como por la aspiración humana, presente desde los albores de la historia, de recrear la inteligencia en formas no biológicas.

Entre las primeras representaciones ficticias de lo que podríamos considerar máquinas inteligentes se encuentran los sirvientes artificiales de Hefesto en la mitología griega, así como el gólem, una criatura de arcilla dotada de inteligencia, que, según un relato folclórico del siglo XVI, protegía a los judíos de Praga. Con la invención de los relojes mecánicos alrededor del siglo XIV, algunos relojeros europeos crearon elaborados autómatas capaces de ejecutar movimientos complicados. Estos autómatas a menudo se instalaban en iglesias para impresionar a los habitantes del pueblo y a los visitantes. No obstante, no tenían prácticamente ninguna flexibilidad y solo podían realizar movimientos predefinidos. La máquina analítica de Charles Babbage fue una especie de calculadora sofisticada programable o computador temprano. No obstante, Babbage solo pudo diseñarla, ya que su construcción sobrepasaba las capacidades de la mecánica del siglo XIX.

Todo esto cambió con la tecnología digital. La velocidad y la fiabilidad de los circuitos digitales permitieron que los ingenieros construyeran calculadoras con capacidades sin precedentes. Los primeros computadores digitales programables surgieron en las décadas de 1940 y 1950, inicialmente impulsadas por las diversas demandas computacionales de la Segunda Guerra Mundial, como disparar artillería a aviones en movimiento e interpretar señales de radar.[1] Si bien estas máquinas eran primitivas según los estándares actuales, eran capaces de realizar maravillas. En concreto, podían calcular. En aquel entonces, el término *computador* o *computadora* se refería a un humano (generalmente una mujer) que realizaba cálculos completamente a mano o con herramientas manuales simples. Los grandes proyectos, como el diseño de artillería o aviones para la guerra, podían emplear cientos de computadoras humanas. Los nuevos computadores digitales eran capaces de realizar estos cálculos miles de veces más rápido. Esto fue, obviamente, una revolución en la computación, pero ¿por qué no se considera como la primera IA sobrehumana? Después de todo, calcular es algo que hacemos con nuestra mente y, desde la década de 1950, las máquinas han sido mejores que los humanos a la hora de calcular. Incluso la más sencilla y barata de las calculadoras portátiles "piensa" incomparablemente más rápido que tú.

De hecho, algunas personas (incluidos algunos de los inventores) se referían a estas nuevas máquinas computacionales como "cerebros electrónicos". Sin embargo, hoy en día los cálculos complejos por sí mismos no se consideran como parte de la inteligencia artificial. Una posible razón es que son obviamente formalizables: existen reglas claras sobre cómo realizar un cálculo descomponiéndolo en una serie de cálculos parciales más pequeños y simples. Puede que sea porque el proceso es tan obviamente mecanizable que no consideramos a las calculadoras portátiles como

IA sobrehumana, a pesar de que los humanos piensan cuando calculan. Otra razón podría ser que el término "inteligencia artificial" se inventó después de los computadores digitales, de modo que las formas anteriores de "pensamiento" mecánico no contarían.

No obstante, las matemáticas requieren de otras tareas cognitivas además de realizar cálculos. Al fin y al cabo, los matemáticos no se pasan el día solo calculando: lo que hacen es más bien desarrollar nuevas matemáticas. O, dicho en otras palabras, demuestran teoremas y, lo que es más importante, razonan sobre qué teoremas deben demostrarse y mediante qué estrategias, con el fin de crear nuevos conocimientos matemáticos útiles y hermosos. Si aceptamos que el desarrollo de nuevas matemáticas requiere inteligencia, entonces un sistema que pueda demostrar teoremas al nivel de un humano debería considerarse como inteligencia artificial. Y, si lo hace mejor que los humanos, sería una inteligencia sobrehumana.

En 1956, Allen Newell y Herbert Simon se preguntaron si podrían hacer que un computador demostrara teoremas matemáticos. En ese entonces existían muy pocos computadores digitales y, por lo general, estos eran del tamaño de salas enteras. Newell y Simon eligieron como dominio las demostraciones de los fundamentos de las matemáticas, específicamente las del monumental libro de comienzos del siglo XX, *Principia Mathematica*, que intentaba fundamentar las matemáticas en la lógica pura.[2] Diseñaron un programa llamado Logic Theorist y le encargaron redescubrir los teoremas del *Principia*.[3] En esencia, el Logic Theorist es un algoritmo de búsqueda que automatiza el proceso de reescribir demostraciones siguiendo reglas conocidas para la manipulación de ecuaciones, algunas de las cuales se aprenden en la escuela secundaria. El algoritmo comienza con un conjunto de axiomas y los reescribe gradualmente hasta que logra demostrar lo que se propuso. Sin embargo, estos axiomas pueden ser reescritos de un sinfín de formas diferentes, la mayoría de las cuales no son interesantes. Por ello, el Logic Theorist incluía reglas o heurísticas diseñadas para imitar lo que los humanos consideran formas interesantes de reescribir teoremas. Utilizando estas heurísticas, el Logic Theorist logró redescubrir treinta y ocho de los primeros cincuenta y dos teoremas del *Principia*. Este logro fue verdaderamente notable para la época, considerando los muchos años que les tomó a Bertrand Russell y Alfred North Whitehead, matemáticos eminentes, descubrir dichos teoremas por primera vez.

Considerando que el Logic Theorist redescubrió estos teoremas miles de veces más rápido que Russell y Whitehead y, en ocasiones, generó demostraciones más detalladas, puede bien ser considerado como un sistema de inteligencia artificial sobrehumana. Sin embargo, el dominio en el que supera a los humanos es muy limitado, esencialmente restringido al *Principia Mathematica*. Si tuviera que demostrar algo en otras áreas de las matemáticas, sería necesario proporcionarle nuevos axiomas y, probablemente, también nuevas heurísticas.

El Logic Theorist fue desarrollado en los años cincuenta, por lo que sería razonable esperar que hayamos avanzado algo desde entonces. Y así es. Sesenta y cinco años de investigación en el subcampo de la inteligencia artificial denominado demostración automática de teoremas han dado lugar a una serie de impresionantes sistemas de IA que, en ocasiones, han generado teoremas novedosos o, al menos, demostraciones nuevas e interesantes de teoremas ya descubiertos. No obstante, las matemáticas siguen siendo desarrolladas por matemáticos humanos. Si revisamos las revistas académicas del campo de las matemáticas, veremos que los artículos que detallan los avances recientes están escritos por personas. Es probable, sin embargo, que estos matemáticos utilicen con frecuencia softwares modernos como Mathematica, el cual se basa en muchos de los avances logrados en la demostración automatizada de teoremas. Incluso podrían usar un modelo de lenguaje de gran tamaño, como GPT-4, en alguna etapa del proceso.

Es interesante señalar que Herbert Simon, uno de los creadores del Logic Theorist, afirmó que él y Newell habían inventado una "máquina pensante" y que habían "resuelto el problema mente-cuerpo, explicando cómo un sistema compuesto de materia puede tener las propiedades de la mente". En retrospectiva, esto puede parecer una exageración absurda, dado que su programa solo podía hacer una cosa: demostrar los teoremas del *Principia*. Ni siquiera podía demostrar algo sobre, por ejemplo, ecuaciones diferenciales, ni mucho menos escribir un soneto, hacer un dibujo o atarse sus inexistentes cordones de los zapatos. Sin embargo, el programa fue indudablemente un avance importante, y es comprensible que sus limitaciones no fueran tan evidentes en aquel momento. ¿No es, acaso, el acto de pensar similar a demostrar teoremas?

Además de demostrar teoremas matemáticos, ¿qué otras cosas hacen los humanos que requieran inteligencia? ¿Jugar tal vez? A lo largo de la historia de la investigación en inteligencia artificial, los juegos han sido un enfoque importante, con resultados espectaculares en algunos casos.

El ajedrez es quizás el juego que ha sido más relevante para la investigación en IA. No es de extrañar, ya que desde hace mucho tiempo la cultura occidental ha considerado que este clásico juego de mesa requiere y demuestra inteligencia. Ya en la época medieval, nobles, estudiantes y clérigos eran representados disfrutando del ajedrez como si se tratase de un desafío intelectual. En la mitología nórdica, se describe a Odín, el padre de todos y que todo lo ve, disfrutando de un juego similar al ajedrez. Además, jugar bien al ajedrez pareciera requerir un razonamiento sofisticado. Si quieres vencer a un adversario digno, debes elaborar un plan complejo que se ejecute en múltiples pasos, así como reconocer las diversas amenazas y oportunidades que surgen de los movimientos de tu oponente. En el fondo, tienes que superar mentalmente a tu adversario. Es lógico pensar que, si alguien o algo puede jugar al ajedrez, tiene que ser inteligente. Por lo tanto, no es sorprendente que los primeros investigadores de la inteligencia artificial estuvieran obsesionados con crear IA que jugara al ajedrez.

Entonces, ¿cómo puede un computador jugar al ajedrez? El algoritmo básico tras la mayoría de las IA que juegan ajedrez se llama Minimax. Esencialmente, simula todos los movimientos posibles para las piezas blancas (en caso de que juegue con ellas), seguidos por todos los movimientos posibles con los que las piezas negras pueden reaccionar, seguidos por los de las piezas blancas, y así sucesivamente. Al asumir que cada jugador hará en cada turno el mejor movimiento posible, se puede calcular cuál sería el mejor movimiento en un turno determinado. No obstante, calcular todo el árbol de movimientos y reacciones posibles para una partida completa requiere de una enorme cantidad de tiempo; ningún computador actual sería capaz de hacerlo a lo largo de toda una vida. Por lo tanto, en la práctica, las IA de ajedrez solo usan el algoritmo de búsqueda Minimax hasta cierta profundidad, quizá cinco o diez movimientos. La búsqueda se combina entonces con un sinfín de trucos, en particular, formas de evaluar cuándo un estado del tablero es prometedor.[4]

Desde la década de 1950, los investigadores de IA han estado desarrollando programas de ajedrez, logrando avances constantes al añadir nuevas mejoras al algoritmo original de Minimax. Durante todo ese tiempo, muchos predijeron con confianza que un computador nunca jugaría al ajedrez tan bien como los mejores jugadores humanos. ¿Por qué? Pues porque jugar al ajedrez requiere inteligencia, y los computadores no son inteligentes. Y, ciertamente, el algoritmo Minimax no tiene casi nada que ver con la forma en que entendemos cómo funciona la inteligencia biológica real.[5]

Por lo tanto, fue una gran sorpresa cuando, en 1997, un computador logró vencer al mejor jugador de ajedrez de la época. IBM invirtió una suma prodigiosa de dinero en construir un computador especializado y en desarrollar el software correspondiente, llamado Deep Blue, para desafiar a Garry Kasparov, el campeón mundial reinante.[6] El duelo de seis partidas recibió una gran cobertura mediática, y el resultado, en el que Deep Blue ganó por margen de una partida, causó un gran revuelo dentro y fuera del mundo del ajedrez. La noticia fue ampliamente difundida por medios internacionales, a menudo acompañada de especulaciones sobre lo que este resultado implicaba para nuestra comprensión de la inteligencia. A destacados expertos que habían afirmado que la computadora no tenía ninguna posibilidad de ganar porque carecía de "intuición" o "creatividad" se les pedía que aclararan lo que habían querido decir, y generalmente estos tenían que repensar sus posturas.[7]

Sin embargo, muchas personas señalaron que Deep Blue solo podía hacer una cosa: jugar ajedrez. En cuanto a la infinidad de otras tareas que los humanos realizan a diario, Deep Blue no era mejor que el Logic Theorist o una tostadora. Los expertos también comentaron repetidas veces que el algoritmo Minimax no se parece en nada al funcionamiento del cerebro humano. En esencia, no es más que un algoritmo de búsqueda. Parecía, entonces, que Deep Blue no era muy inteligente después de todo, o al menos no poseía una inteligencia general. Tal vez parte del dilema radicaba en la elección del ajedrez como dominio del problema: dado que el juego podía ser dominado por un software que, aunque sofisticado, en el fondo no era más que un algoritmo de búsqueda, ¿quizá el ajedrez no requiere realmente inteligencia para ser jugado?

Después de Deep Blue, muchos investigadores de IA se centraron en el Go, otro juego de mesa clásico. El Go también es un antiguo juego para dos jugadores que, en algunas culturas asiáticas, ocupa una posición similar a la del ajedrez en las culturas europeas. A diferencia de este, las partidas de Go son más largas y cada turno cuenta con muchas más posibilidades de jugadas. También es más difícil juzgar lo buena que es una posición en el tablero: en ajedrez, puedes hacerte una idea razonable de lo bien que estás jugando si cuentas las piezas, pero en Go, el recuento de piezas no sirve de nada. En cambio, tienes que analizar los patrones en el tablero. De hecho, el algoritmo Minimax, que funciona tan bien con el ajedrez, tiene un rendimiento muy pobre con el Go. Motivados por este desafío, muchos investigadores de inteligencia artificial interesados en juegos se volcaron al Go como su próximo gran objetivo.

Este desafío fue superado en 2016, cuando DeepMind, una empresa de investigación que forma parte de Google, presentó su sistema AlphaGo. Al igual que Deep Blue, AlphaGo utiliza como base un algoritmo de búsqueda. Pero a diferencia del algoritmo Minimax de Deep Blue, el algoritmo de AlphaGo emplea cálculos estadísticos para decidir qué jugadas explorar. También utiliza numerosas redes neuronales que ayudan al algoritmo de búsqueda a evaluar la calidad de una posición en el tablero y a determinar qué jugada explorar a continuación. Estas redes neuronales fueron entrenadas con registros de partidas de jugadores expertos de Go y luego haciendo que el sistema jugara contra sí mismo.[8]

En un evento altamente publicitado, AlphaGo logró vencer a Lee Sedol, uno de los mejores jugadores de Go del mundo,[9] lo que desató la locura de los medios. Entre la avalancha de comentarios, surgieron muchas voces que advertían que la IA tomaría inminentemente el control en todos los ámbitos, y que AlphaGo era un presagio del auge de la inteligencia artificial general. Otros señalaron que, después de todo, el Go tal vez no era una prueba tan buena de inteligencia general y que AlphaGo en realidad solo podía jugar al Go, igual que Deep Blue solo podía jugar al ajedrez. Ninguno de estos sistemas podía siquiera jugar damas (sin ser reprogramados), ni mucho menos conducir un coche o escribir un ensayo sobre la brujería en la Estonia medieval.

Hoy en día, puedes descargar aplicaciones en tu teléfono que juegan ajedrez o Go mejor que cualquier ser humano.[10] En otras palabras, es posible afirmar que ahora existen jugadores de IA sobrehumana tanto para el Go como para el ajedrez. A pesar de ello, la gente sigue jugando estos juegos. De hecho, hoy en día es común entrenar contra jugadores controlados por IA y estudiar las partidas de los mejores sistemas de IA para aprender nuevas estrategias y estilos de juego. En la investigación de IA, el interés se ha desplazado en gran medida hacia métodos para jugar videojuegos (en lugar de juegos de mesa) y para diseñar juegos. Más adelante hablaré de estos temas.

Las matemáticas y los juegos no son los únicos dominios de problemas en los que se han aplicado los métodos de la IA. Tampoco son los únicos dominios en los que se ha alcanzado un rendimiento sobrehumano. Para complementar los ejemplos de este capítulo, abordemos un dominio de especial importancia práctica: el reconocimiento de imágenes.

Poder mirar una imagen y decir qué contiene es una habilidad obviamente útil que la mayoría de los adultos humanos dominan bastante bien y utilizan todo el tiempo. Cuando conducimos, cocinamos, nos vestimos o movemos archivos en nuestro computador, dependemos constantemente de identificar lo que vemos delante de nosotros. Necesitamos saber si la tela azul en el cajón es un par de calcetines o ropa interior, y si lo que se mueve por la carretera frente a nosotros es una bolsa de plástico o un gato.

Dada la importancia de identificar objetos (y otras formas de reconocimiento de imágenes) para la vida cotidiana, uno se imaginaría que la investigación inicial en inteligencia artificial se habría centrado en resolver estas tareas. Sin embargo, ese no fue el caso. Quizá de manera sorprendente, la inteligencia artificial logró jugar ajedrez a un nivel superior al aficionado y demostrar teoremas incluso antes de que se realizaran intentos serios por desarrollar sistemas de reconocimiento de imágenes.

¿Por qué ocurrió esto? Por una parte, porque los primeros computadores no tenían suficiente memoria para almacenar imágenes de un tamaño razonable. Por otra, porque no contábamos con cámaras digitales económicas que pudieran convertir imágenes del mundo real en bits y bytes almacenables en la memoria de un computador. Tampoco existían redes computacionales que permitieran compartir estas imágenes digitalizadas, lo que impedía tener material con el que entrenar los modelos de IA. Además, no disponíamos de algoritmos de aprendizaje muy avanzados y, aunque los hubiéramos tenido, no contábamos con procesadores lo bastante rápidos para ejecutarlos. Los primeros sistemas de visión computacional dependían en gran medida de detectores diseñados manualmente y solían funcionar solo en condiciones ideales, y, aun así, no muy bien.[11]

Todo eso cambió a principios de los años 2000. El conjunto de datos de ImageNet y los eventos de competencia organizados por este proyecto fueron clave.[12] ImageNet contiene millones de imágenes etiquetadas en miles de categorías, y cada imagen está asociada a una única etiqueta (en inglés), como "*flamingo*", "*harp*" o "*volleyball*". Cada etiqueta incluye cientos de imágenes, las que fueron recopiladas y etiquetadas mediante crowdsourcing, es decir, con la colaboración de un gran número de personas a través de internet. El desafío para los métodos de IA consiste en asignar la etiqueta correcta a la imagen correspondiente. A partir de 2010, se realizaron competencias anuales de ImageNet, en las que los investigadores enviaban sus mejores algoritmos para probarlos con el conjunto de datos. Al principio, los sistemas de IA tuvieron un desempeño pobre, acertando en quizás la mitad o tres cuartas partes de sus predicciones. Pero en 2012, entró un nuevo competidor: AlexNet, un sistema de reconocimiento de imágenes basado en el aprendizaje profundo o redes neuronales con múltiples capas.[13]

Una red neuronal es un método de aprendizaje automático que se basa, en términos generales, en la estructura del cerebro humano. Consiste en un gran número de "neuronas" conectadas mediante conexiones ponderadas. Usualmente, estas neuronas se organizan en capas: la capa inicial recibe la entrada (por ejemplo, los píxeles de una imagen) y la capa final proporciona la salida (por ejemplo, la clase del objeto que aparece en la imagen). Entre la primera y la última capa puede haber un número variable de capas o neuronas, desde cero hasta cientos. Las redes neuronales aprenden de los datos al cambiar las ponderaciones entre las capas, y de este modo que pueden aprender a reproducir sus patrones. Cada vez que la red comete un error (por ejemplo, decir que la imagen contiene una pelota cuando en realidad muestra una bicicleta), las ponderaciones se ajustan ligeramente hacia la dirección de la salida correcta. Las ideas básicas tras las redes neuronales existen desde los años cincuenta. No obstante, tomó varias décadas afinar los detalles técnicos importantes y aún más tiempo desarrollar la potencia de cálculo necesaria para entrenarlas de manera eficiente.[14] Mientras que las redes neuronales estudiadas en los años 50 tenían docenas de conexiones, y las de los años ochenta contaban con miles, las redes neuronales que se entrenan y utilizan en la actualidad suelen tener millones o incluso miles de millones de conexiones.[15]

AlexNet fue importante no solo porque era mucho mejor que su competencia —adivinaba correctamente el 85 por ciento de las imágenes—, sino también porque fue uno de los primeros casos en que se ejecutó una red neuronal profunda en una GPU, o tarjeta gráfica, la parte de un computador moderno que suele encargarse de renderizar gráficos 3D avanzados. El descubrimiento de que las GPU permitían entrenar redes neuronales más grandes y profundas que las anteriores desató una especie de fiebre del oro, en la que investigadores de todo el mundo compitieron por desarrollar nuevas redes neuronales que lograran un mejor rendimiento en ImageNet. Y lo hicieron. Al momento de escribir esto, el mejor sistema de IA etiqueta correctamente alrededor del 99 por ciento de las imágenes, mientras que un humano familiarizado con el conjunto de datos acierta aproximadamente en un 95 por ciento (un humano que nunca ha visto las imágenes anteriormente tiene un desempeño mucho peor).

Podemos afirmar, por tanto, que contamos con sistemas de IA que tienen un desempeño sobrehumano en el reconocimiento de imágenes, al menos para conjuntos de datos específicos. Una red neuronal entrenada en ImageNet podría no funcionar igual de bien con imágenes de otro conjunto de datos. Además, no puede reconocer tipos de objetos para los que no fue entrenada (por ejemplo, un cortador de queso).[16] Sin embargo, existe cierto grado de generalización: es posible empezar con una red entrenada en ImageNet y seguir entrenándola ("ajustar finamente") con otros datos para que realice otra tarea, como reconocer señales de tráfico o cortadores de queso. Pero, por sí sola, esta red aún no puede escribir poesía ni atarse los cordones; Deep Blue o el Logic Theorist tampoco pueden. Asimismo, no es capaz de demostrar teoremas ni jugar ajedrez.

Obviamente, la demostración de teoremas, los juegos de mesa y el reconocimiento de imágenes no son los únicos dominios de problemas que se estudian en la investigación de IA. Tampoco son los únicos en los que hemos logrado un desempeño sobrehumano. Existen muchas otras metodologías además de las mencionadas aquí; este capítulo es demasiado breve para ofrecer siquiera un bosquejo representativo de la historia de la IA. Por dar algunos ejemplos, no hemos mencionado el aprendizaje automático estadístico, los sistemas de recomendación ni los sistemas expertos. No obstante, a partir de estos y otros dominios, es posible hacer algunas observaciones generales.

En primer lugar, tenemos el conocido fenómeno de "subir la vara" en la inteligencia artificial. Con ello me refiero a cómo la investigación en IA a menudo progresa con el objetivo de resolver algún problema específico en que la necesidad inteligencia para resolverlo genera consenso, pero que una vez que el problema se resuelve, la gente deja de estar de acuerdo en que la inteligencia era un requisito para resolverlo. Por ejemplo, en su momento era común entre los investigadores pensar que jugar bien al ajedrez era una señal de inteligencia, hasta que llegó Deep Blue. Entonces, la vara sube, y se identifica algún otro problema que los métodos de IA no puedan resolver en ese momento. Esto no es necesariamente algo negativo. Es útil tener problemas específicos en los que trabajar y que motiven el progreso de la IA. Y, si bien resolver un problema particular no "desentraña la inteligencia", nos ayuda a comprenderla un poco mejor. Además, ¿no sería extraño que supiéramos desde el principio qué problemas son los más importantes para comprender la inteligencia?

Otra observación general es que gran parte del progreso de la IA depende de avances que no pertenecen estrictamente al ámbito de la inteligencia artificial. Lo que ha permitido muchos de los avances aquí descritos es contar con más datos, más capacidad de procesamiento, mejores sensores y mejores redes computacionales. En su mayoría, estas tecnologías no se desarrollaron para la IA, sino para la fotografía, las comunicaciones empresariales, los videojuegos y otras aplicaciones.[17] Además, pese a que hemos asistido a un sinfín de avances en los algoritmos de IA, las ideas básicas de búsqueda, optimización y aprendizaje automático han estado desde más o menos los inicios de este campo de investigación.

He señalado varias veces cómo cada uno de estos sistemas solo puede hacer una cosa: la tarea para la que fue construido (y entrenado). A menudo esta idea se pierde en el debate general, en el que los medios de comunicación populares suelen afirmar que "la IA" (extrañamente utilizada como sustantivo incontable, como "el agua") puede hacer todo tipo de cosas. El Logic Theorist no solo estaba limitado a demostrar teoremas, sino que tampoco podía abordar teoremas fuera de la teoría de números sin ser reprogramado. Por otro lado, a menos que sea reentrenada, una red neuronal entrenada en ImageNet no puede reconocer tipos de objetos que no estén en el conjunto de pruebas de ImageNet.

El énfasis en el término IA también oculta el hecho de que estos sistemas a veces tienen poco en común. Logic Theorist y AlexNet, la red neuronal que revolucionó el reconocimiento de imágenes, se basan en principios completamente distintos, y entender uno no ayuda realmente a entender el otro. Seguramente la programación de ambos no comparte ningún código. Hemos logrado avances genuinos, y los nuevos sistemas de IA a menudo se construyen sobre ideas proporcionadas por sistemas más antiguos. Por ejemplo, AlphaGo se basó tanto en los avances en algoritmos de búsqueda para juegos, que permitieron el desarrollo de Deep Blue, como en el progreso en redes neuronales, que dio lugar a AlexNet. No obstante, cada sistema de IA se construye o entrena para una tarea concreta (aunque esta tarea pueda tener interesantes efectos secundarios emergentes; véase el capítulo 7).

Por último, una cosa que todos estos sistemas y muchos otros tienen en común es que provocaron que los periodistas explicaran preocupados o entusiasmados que estábamos cerca de crear máquinas que realmente pudieran pensar, que habíamos encontrado el secreto de la inteligencia, o quizás incluso que la IA podría conquistar el mundo. En 2024, cabe reflexionar sobre el hecho de que estas esperanzas y preocupaciones se debatieran hace ya sesenta años. ¿Son más relevantes ahora debido a todo nuestro progreso técnico? ¿O acaso nuestro fracaso para comprender la inteligencia y la incapacidad de los sistemas de IA para apoderarse del mundo en los últimos sesenta años son motivos para pensar que esto no ocurrirá en un futuro cercano?

En los próximos dos capítulos estudiaremos las teorías de la inteligencia para ver si podemos entenderla mejor o, al menos, definirla. Empezaremos con teorías sobre la inteligencia en humanos y otros animales.

CAPÍTULO 3

Inteligencia (natural)

¿Qué es la inteligencia? El psicológico Edwin Boring dio una interesante respuesta a esta pregunta en 1923: "La inteligencia es lo que miden las pruebas de inteligencia".[1] Usemos este ingenioso comentario como una excusa para desviarnos, por ahora, de nuestra compleja pregunta sobre lo que es realmente la inteligencia, y observemos cómo evaluamos regularmente la inteligencia de los humanos. Las pruebas de CI (cociente intelectual) son extremadamente comunes. Es probable que en algún momento hayas tomado una, quizás en la escuela, en alguna evaluación de aptitud militar o para volverte miembro de un club como Mensa. ¿Qué son las pruebas de CI y cómo miden la inteligencia? ¿Corresponde aquello que miden con nuestra idea intuitiva de inteligencia?

Las pruebas modernas de CI tienen sus raíces en los intentos del psicólogo Alfred Binet de medir la edad mental de estudiantes escolares.[2] Binet buscaba identificar a los estudiantes que estaban atrasados con respecto de su grupo etario ("retrasados mentalmente") para que pudieran recibir la educación más adecuada. Una versión de esta prueba, la Escala de Inteligencia de Stanford-Binet, todavía es ampliamente utilizada. En esta escala, el CI es relativo a la edad del sujeto, y el puntaje se normaliza para que la media siempre sea cien.[3] Se han creado varias pruebas de inteligencia distintas, pero la mayoría de ellas tienen en su núcleo una batería de preguntas de opción múltiple que la persona que toma la prueba debe responder. Estas pruebas pueden presentar una serie de figuras geométricas y pedirle al sujeto que identifique la siguiente figura, o pueden involucrar razonamiento analógico, agrupación de palabras por tema o identificación de patrones en números.

Las pruebas de inteligencia son tan comunes, en parte, porque funcionan. Instrumentos tales como la prueba de CI de Stanford-Binet tienen una alta confiabilidad, lo que significa que las personas que toman la prueba por lo general obtienen puntajes coherentes en el tiempo. Estas pruebas también predicen un número impresionante de cosas distintas. Por ejemplo, las pruebas de inteligencia son comunes en el reclutamiento militar, porque sus resultados han demostrado de forma convincente que los soldados con un mayor CI pelean mejor. Mueren menos y completan sus misiones con mayor frecuencia. Incluso los civiles generalmente viven más tiempo y ganan más dinero si obtienen un buen puntaje en pruebas de inteligencia. Sin embargo, algunas cosas se correlacionan con mayor fuerza al CI que otras: por ejemplo, el CI no predice bien las habilidades de liderazgo.

Se puede objetar que el CI es realmente una medida más bien limitada de la inteligencia. Esto es correcto. La vida y la inteligencia son mucho más que completar secuencias de figuras geométricas. De todas formas, psicólogos y expertos en psicometría han estado trabajando con ahínco durante los últimos cien años aproximadamente en la creación de pruebas para distintos tipos de inteligencia. Además, han estudiado cómo estas distintas medidas de inteligencia se correlacionan entre ellas.

Una teoría predominante de la estructura de la inteligencia humana, que trata de sintetizar estas distintas medidas de inteligencia, es la teoría de Cattell-Horn-Carroll (CHC).[4] En la teoría CHC, la inteligencia se concibe de forma jerárquica: en el extremo superior, se encuentra el factor *g*, que se puede dividir en diez habilidades generales, que posteriormente se pueden dividir en una serie de habilidades específicas. En conjunto, estas actividades constituyen la inteligencia humana, o así dicta la teoría.[5]

Ahora, ¿cuáles son estas habilidades generales? Dos de ellas involucran a la memoria (memoria de corto plazo y almacenamiento de largo plazo y recuperación), y dos involucran a las modalidades sensoriales (procesamiento visual y procesamiento auditivo). Entonces, tenemos lectura y escritura y conocimiento cuantitativo (básicamente, hacer cosas con números), y dos habilidades relacionadas con la velocidad: velocidad de procesamiento y tiempo de decisión/reacción.

Se podría argumentar que estas habilidades son todas un poco periféricas a la verdadera inteligencia. En efecto, he dejado las dos habilidades "principales" para el final: comprensión de conocimiento y razonamiento fluido. La comprensión de conocimiento consiste esencialmente en aquello que sabes y qué tan bien puedes comunicar y utilizar este conocimiento, mientras que el razonamiento fluido es qué tan bien puedes razonar, formar conceptos y resolver problemas en situaciones no familiares, lo que a veces se conoce como "pensar sobre la marcha". Estas dos habilidades ejemplifican la distinción ampliamente aplicable entre la inteligencia fluida y la inteligencia cristalizada. La inteligencia cristalizada se acumula a medida que envejecemos y adquirimos más sabiduría (o al menos experiencia), mientras que la inteligencia fluida comienza a disminuir en algún punto de nuestra vida adulta.[6] Como profesor en mis 40, probablemente debería decir aquí algo respecto de cómo no deberíamos subestimar la inteligencia cristalizada, pero a mi inteligencia fluida no se le ocurre nada ingenioso en este momento.

En la punta de la jerarquía del modelo CHC se encuentra la *g* o "inteligencia general". Las 10 habilidades generales y sus respectivas habilidades específicas dependen, en cierta medida, de *g*, en el sentido de que se relacionan de forma positiva con esta. Las correlaciones acá no son casualidades; *g* fue descubierta (o inventada) simplemente administrando a un gran número de personas un gran número de pruebas de inteligencia diferentes, y utilizando una técnica matemática llamada factor de análisis para encontrar la variable única que se correlacionaba mejor con todas estas pruebas. En otras palabras, las distintas pruebas de inteligencia tienen una alta correlación con *g por construcción*. Esto es simplemente cómo se definió *g*.

Los psicólogos en general concuerdan en que *g* es un buen constructo que representa la inteligencia general razonablemente bien. La lógica es que, dado que todas estas distintas pruebas de inteligencia se correlacionan tan bien entre sí (si obtienes un puntaje alto en una prueba de completación de secuencias, entonces hay una mayor probabilidad de que obtengas un puntaje alto en una prueba de vocabulario, etc.), deben estar midiendo algo real, y el constructo matemático que se correlaciona mejor con todas estas pruebas debería ser una buena aproximación de la inteligencia. Además, *g* es confiable, lo que significa que la misma persona obtiene casi lo mismo al ser evaluada en distintas ocasiones. También tiene un alto poder predictivo para una serie de medidas de éxito de la vida real. Si sirve de algo, *g* es también cerca de 50 por ciento hereditario, por lo que la mejor decisión que puedes tomar si quieres ser inteligente en términos generales es elegir padres inteligentes.[7]

Dicho esto, el factor *g* y la teoría CHC en general han recibido una buena dosis de crítica. Una línea de crítica es estadística. Si tomas un grupo arbitrario de pruebas y realizas un análisis factorial en ellas, encontrarás el constructo que mejor se correlaciona con estas, y es probable que las correlaciones sean más bien altas.[8] Entonces, ¿por qué deberías confiar en este grupo específico de pruebas, y no en otro, para definir aquello que llamamos "inteligencia general"? Es verdad que estas pruebas se correlacionan bien entre ellas, pero quizás fueron elegidas por esa misma razón. Esto no significa que digan algo más profundo sobre la inteligencia. Como podemos ver, la crítica de que las pruebas de inteligencia son más bien arbitrarias es difícil de disipar.

Otro argumento crítico es que la inteligencia guarda menos relación con lo que uno sabe ahora y más con qué tan rápido puedes aprender a adaptarte a nuevas situaciones. Las pruebas que se usan para definir el factor *g* y las distintas habilidades en la teoría CHC no miden qué tan bien o con cuánta rapidez aprendes algo nuevo.

Por lo que a mí me consta, la razón por la que no se utilizan las pruebas de aprendizaje para determinar la inteligencia es que medir la habilidad de aprendizaje es lento, costoso y difícil, mientras que las pruebas de CI se pueden rendir en menos de una hora.

Quizás en un nivel más fundamental, podrías no estar de acuerdo con que la mejor forma de determinar la inteligencia sea evaluando la frecuencia con que respondes preguntas "correctamente". Podrías argumentar que el tipo de inteligencia que realmente importa es la habilidad para encontrar respuestas o preguntas nuevas, en otras palabras, la creatividad. Ciertamente, le encuentro sentido a este argumento: grandes obras artísticas y musicales han sido creadas, grandes teorías han sido inventadas, grandes historias han sido contadas y grandes compañías han sido fundadas por personas que quizás no obtuvieron un buen puntaje en una prueba de CI. Muchos hemos contemplado estas insufriblemente aburridas secuencias de completación y nos hemos imaginado varias figuras creativas para completar la serie, lo que nos distrae de la identificación de la figura considerada correcta por la persona que planificó diseñó la prueba. Lamentablemente, resulta que evaluar la creatividad de manera adecuada es realmente difícil, lo que es quizás la razón por la que no se encuentre bien representada en la teoría CHC. Tal vez necesitemos más creatividad para resolver el problema de cómo medir la creatividad.

También se podría argumentar que no es posible tener inteligencia sin emoción. Como muchos hemos observado, la emoción es crucial en la toma de decisiones de los seres humanos. Es bien sabido que David Hume llamó a la razón la esclava de las pasiones, y los investigadores modernos, tales como Antonio Damasio, han reunido amplia evidencia de que las emociones afectan distintas facetas de nuestros procesos mentales.[9] Ninguno de los componentes del factor *g* mide la competencia emocional, por lo que la teoría CHC parecería una representación incompleta de la inteligencia si aceptamos esta perspectiva.

Para complicar aún más las cosas, consideremos otra teoría global de la inteligencia: la teoría de Howard Gardner de las inteligencias múltiples.[10] La teoría de Gardner plantea nueve inteligencias separadas: musical, visual-espacial, lingüística, lógica-matemática, corporal-cinestésica, interpersonal, intrapersonal, naturalista y existencial. Como se puede apreciar, este concepto de inteligencia es considerablemente más amplio que el de la teoría CHC. A diferencia de esta, la de Gardner no se enfoca en el factor *g* ni en ninguna otra inteligencia única dominante. Por el contrario, considera que las inteligencias están en gran medida separadas. Por ejemplo, la inteligencia corporal-cinestésica no está necesariamente correlacionada con la inteligencia lógico-matemática. La teoría de las inteligencias múltiples ha tenido un gran impacto en algunos círculos y se han escrito varios libros éxitos de ventas sobre ella. No obstante, en general es ignorada por los psicólogos convencionales debido a su falta de evidencia empírica. Algunas veces, la teoría se rechaza de forma brutal: el psicólogo George Miller la describió como "corazonada y opinión", a la vez que otros psicólogos han escrito imputaciones igual de mordaces.[11]

Aunque es posible que la teoría de Gardner no tenga nada del rigor ni la cantidad de evidencia de la teoría CHC, sí plantea preguntas sobre la estrechez del factor *g*. ¿Puede una teoría de la inteligencia ser realmente completa si no incluye nuestra habilidad para gestionar nuestras relaciones interpersonales o nuestro propio cuerpo? Por el otro lado, ¿es necesario que una teoría de la inteligencia realmente incluya la habilidad musical, o eso sería algo más bien periférico? El enfoque de la psicología cognitiva convencional se centra en las habilidades que se pueden evaluar fácilmente y que tienen una alta correlación entre sí en las pruebas, pero bien se podría argumentar que esta es una forma retrógrada de definir un concepto tan importante como la inteligencia.

En las últimas páginas, los he llevado, de forma insidiosa, de una respuesta sencilla (la inteligencia es aquello que miden las pruebas de CI) a lo que parecía un consenso (el factor *g*), para terminar en la duda y la confusión. Lo más probable es que los he dejado con más preguntas que las que tenían cuando comenzaron este capítulo. Para sumar a la frustración, o quizás al deleite, ahora voy a volver todo aún más complejo. Hablemos sobre la inteligencia en los animales no humanos.

Se podría pensar que es más fácil definir la inteligencia en los animales, porque ellos, bueno, son menos inteligentes que los seres humanos. Lamentablemente, no es el caso. No hay una prueba estandarizada para medir la inteligencia de los animales, ni consenso sobre qué incluiría tal prueba. Aquellos artículos sobre cómo los perros son más inteligentes que los gatos (o viceversa) son en su mayoría opiniones vagamente basadas en hechos.

La primera ola de estudio sistemático del comportamiento animal fue la psicología conductista. Si entraras en un departamento de psicología de hace cien años, es muy probable que te encontrarías con un grupo de investigadores conductistas experimentando con animales en sus laboratorios (al menos si entraras en un departamento del mundo angloparlante). Los conductistas creían que la conducta es la respuesta de un organismo a estímulos y que puede ser aprendida través del condicionamiento. En términos generales, el conductismo sostiene esencialmente que el condicionamiento es todo lo que hay. Nosotros nacemos en "tabula rasa", y todo lo que parece inteligente en nuestra conducta es el resultado de asociar acciones y estímulos con recompensas. La idea de la tabula rasa se extiende al punto de plantear que los mismos mecanismos de aprendizaje operan tanto en humanos y como en otros animales, al menos en ciertos animales "superiores". Por lo tanto, los animales podían ser usados como modelos del aprendizaje humano. Esto era muy práctico, porque el movimiento conductista hacía un fuerte hincapié en la experimentación controlada sistemática, lo que incluía experimentos que sería difícil o ilegal realizar en humanos.[12]

Muchos de los experimentos psicológicos más famosos de la era conductista fueron con animales, entre los que se incluyen los experimentos de Pavlov sobre el condicionamiento clásico. En estos, se les enseñaba a perros a asociar el sonido de una campana (el estímulo) con la comida (la recompensa).[13] Los experimentos conductistas con animales más famosos también incluyen varios experimentos relacionados con enseñar a ratas a recorrer laberintos y el trabajo de B. F. Skinner sobre la comparación de esquemas de recompensa en los que se les enseñaba a palomas a elegir botones (acciones) y recibir bolitas de comida como recompensa.[14] Parte de este trabajo ha proporcionado conocimiento científico que es válido hasta hoy, aun cuando la perspectiva conductista sobre la inteligencia parece extrañamente estrecha para el lector moderno.

Una de las principales razones por las cuales el conductismo no prosperó fue que el supuesto de que tales mecanismos de aprendizaje eran universales no se sostenía. Por ejemplo, le puedes enseñar fácilmente a una rata a asociar un sonido con un choque eléctrico, pero no le puedes enseñar a asociar un olor con el mismo choque.[15] Desde una perspectiva conductista, esto no tiene sentido, porque tanto el olor como el sonido serían estímulos. Pero resulta que a las ratas, en virtud de su historia evolutiva, les es mucho más fácil aprender algunas cosas que otras (presumiblemente, para los ancestros de las ratas ser capaces de asociar sonidos con dolor era más útil que asociar olores con dolor). Esto también ocurre con otros animales. Están capacitados para aprender algunas cosas con mayor facilidad que otras, y de hecho vienen con un conjunto de conductas preaprendidas. Esto requiere que se estudie la conducta animal de forma tal que se tomen en cuenta los factores específicos de cada especie.

En la actualidad, la conducta animal se estudia principalmente no como un subcampo de la psicología, sino como su propio campo, la etología. Esta disciplina se basa en conocimientos y perspectivas provenientes de la biología evolutiva. La conducta se concibe como una adaptación al nicho ecológico específico por parte de una especie. Un león es un superdepredador que caza en manadas, un tiburón ballena es un animal filtrador por lo general solitario, y una hormiga es un miembro de una especie altamente colectiva con roles específicamente delineados entre los individuos que la componen. Para todas estas especies, su conducta es el resultado de una combinación de desarrollo determinado genéticamente, aprendizaje individual y, a veces, transmisión cultural.

Dado que cada especie animal ha desarrollado las capacidades que necesita para sobrevivir y reproducirse en su nicho ecológico particular, los conjuntos de capacidades difieren ampliamente entre especies. En consecuencia, desde la perspectiva de la cognición humana, muchos animales parecerían tener capacidades extremadamente desbalanceadas y no generales. Como el etólogo Frans de Waal indica, "Evaluar la cognición a partir de una dimensión única es un ejercicio inútil. La evolución cognitiva está marcada por muchas cimas de especialización".[16]

Es sorprendente que algunos animales tienen habilidades cognitivas que rivalizan o hasta superan aquellas de los humanos en casos particulares. Algunas veces, otros animales pueden superar a los humanos en cosas que usualmente consideramos habilidades cognitivas "generales", tales como la memoria y el razonamiento estratégico. Por ejemplo, los chimpancés han mostrado que pueden superar a seres humanos en juegos de selección abstracta y acercarse más al nivel óptimo según la teoría de juegos.[17] De igual forma, las palomas tienen un mejor desempeño que los humanos en el dilema de Monty Hall, un puzle clásico.[18] Los córvidos, una familia de pájaros que incluye a cuervos grajos y cuervos corneja, tienen impresionantes memorias espaciales porque necesitan almacenar sus alimentos para prepararse para el invierno. Por ejemplo, una especie de córvidos llamados los cascanueces americanos regularmente almacenan comida en 20 a 30 mil ubicaciones distintas, y recuerdan cerca del 90 por ciento de estas ubicaciones después de un año.[19] Me dan envidia, porque pocas veces recuerdo dónde dejé algunos ingredientes cuando cocino, y qué decir del control remoto de la TV.

La cognición está intrínsicamente vinculada con la percepción, y muchas especies de animales tienen capacidades sensoriales muy distintas a las nuestras. Los seres humanos son una especie predominantemente visual, con buena audición en ciertas frecuencias y un sentido del olfato limitado.[20] No necesitamos mirar más allá de nuestras mascotas domésticas más comunes, perros y gatos, para encontrar órganos sensoriales y una cognición sensorial diferentes. Cuando un perro encuentra a una persona en medio de una multitud o un bosque solamente oliendo la polera que esa persona ha usado, no solo es un logro sensorial que está fuera de nuestro alcance, sino también es un logro cognitivo que no podemos replicar. Ni siquiera sabemos lo que es rastrear rutas a partir de olores que varían en intensidad y que pueden ser disipados por el viento o por otros olores. Algunos animales hasta tienen sentidos que nosotros no tenemos, tales como los sensores de campos eléctricos que muchos peces poseen y la ecolocalización de los murciélagos. ¿Qué tipo de inteligencia es capaz de usar la ecolocalización para capturar moscas en pleno vuelo?

Si observamos a algunos animales que están aún más alejados de nosotros evolutiva o ecológicamente, la "desigualdad" de la cognición es aún más pronunciada. Los pulpos son animales tan distintos a nosotros en todo sentido que prácticamente son extraterrestres, pero tienen cerebros grandes y muestran ejemplos de conductas sorprendentemente inteligentes. Gran parte de esta conducta se vincula con la manipulación de objetos y de sus propios cuerpos. Los pulpos pueden desenroscar las tapas de frascos, desmembrar cangrejos, atravesar aperturas pequeñas e idear planes complejos para escapar de sus tanques de confinamiento. Algunos de ellos son tan buenos en esto que es casi imposible contenerlos. Algunas especies de pulpos pueden cambiar el color y la forma de sus cuerpos casi de forma instantánea para camuflarse en una amplia variedad de contextos. Por otro lado, la mayoría de las especies de pulpos no parecen tener capacidades sociales, y no se ha observado ninguna comunicación significativa o enseñanza entre individuos.[21]

En una esquina completamente distinta del espacio multidimensional de las habilidades cognitivas se encuentran las hormigas. Las hormigas individuales son aparentemente demasiado pequeñas para tener el espacio suficiente para un cerebro, y, en la práctica, su conducta parece ser rígida y no muy compleja. En cambio, las sociedades de hormigas son altamente complejas, caracterizadas por una división avanzada del trabajo y la habilidad para coordinarse en la construcción de estructuras impresionantes. Los hormigueros pueden tener cientos de años y contener cientos de miles de hormigas. A través de un sofisticado sistema de comunicación basado en feromonas, estas criaturas más bien simples en términos individuales logran construir estructuras considerablemente más grandes que ellas mismas, y, lo que es aún más sorprendente, gestionan la logística para alimentar y cuidar a todas las hormigas y larvas. Se podría argumentar realísticamente que el organismo inteligente real aquí no es la hormiga individual, sino que la sociedad de hormigas. Por supuesto, se puede argumentar lo mismo para los seres humanos, dado que nuestras compañías, estados y otras organizaciones son capaces de hacer cosas que ningún humano individual podría hacer.

Al ver las diferentes capacidades de estas distintas especies, no parece haber ninguna forma razonable para medir sus inteligencias en la misma escala. No solo no hay una prueba práctica a la que someter a las distintas especies (y que acordarían rendir), sino que además no sabemos cómo las clasificaríamos aún si pudiésemos medir sus inteligencias. ¿Qué es más inteligente, un cascanueces americano, un pulpo o un ratón? Cada uno tiene capacidades que las otras especies no tienen. Aun si limitamos nuestras comparaciones a los primates, sus habilidades cognitivas son en gran parte inconmensurables. Nuestros familiares más cercanos, los chimpancés y los bonobos, se parecen físicamente, pero tienen una estructura social completamente distinta.

¿Qué nos dice todo esto sobre la inteligencia humana y la posibilidad de la inteligencia artificial general? Una respuesta es que, mientras los animales tienen capacidades altamente variadas, y es difícil decir que una especie es más inteligente que otra, los seres humanos están en una liga distinta, ya que tenemos una inteligencia general. Para ver por qué esto podría ser cierto, consideremos el siguiente experimento mental. Tomemos un pulpo o una rata o un córvido y aumentemos su inteligencia cien veces, de la misma forma en que volvemos a un computador "más inteligente": haciéndolo pensar más rápido y poniéndole más memoria. Por lo que cada uno de estos animales sería lo mismo que antes, excepto que ahora pensaría cien veces más rápido y podría recordar cien veces más. Lo más probable es que solo se vuelvan mejores en las cosas que ya hacen bien. Un superpulpo tendría una destreza impresionante, pero es probable que siga sin tener habilidades sociales; un supercórvido sería capaz de recordar un impresionante número de cosas y lugares, pero probablemente seguiría sin aprender a leer ni escribir. Es posible que estos superanimales todavía carezcan de muchos aspectos de la inteligencia humana.

Sin embargo, este excepcionalismo humano no concuerda con lo que sabemos sobre el funcionamiento de la evolución. Esta tiende a ser gradual y a construir de forma desordenada sobre lo que ya existe. Las características anatómicas o cognitivas nuevas usualmente se crean sobre otros órganos o mecanismos o a partir de ellos.[22] Sabemos que las habilidades cognitivas de nuestros ancestros se desarrollaron gradualmente durante muchos millones de años.[23] ¿Por qué evolucionaría repentinamente una inteligencia "general" completamente nueva? Es mucho más probable que nuestra inteligencia sea un conjunto de capacidades con propósitos especiales que han evolucionado en respuesta a necesidades específicas, así como es para todos los otros animales que conocemos.

También podemos dar vuelta el argumento anterior sobre la inteligencia. Imaginemos que tomamos a un humano (como tú o como yo) y lo volvemos un superhumano que pensase cien veces más rápido y pudiese recordar cien veces más. Probablemente este superhumano no sería capaz de rastrear a una persona a partir de su olor, como un perro, y definitivamente no sería capaz de ecolocalizar como un murciélago o mimetizarse con su entorno cambiando el color de su piel como un pulpo. Es cierto que estas capacidades dependen de una anatomía que lo humanos no tienen, pero también depende de la cognición. No está claro que un superhumano recordaría veinte mil escondites de semillas en un bosque, porque un superhumano podría no estar interesado en el alpiste o los bosques, y los humanos son malos para recordar cosas que no les interesan. Además, es posible que incluso este superhumano carezca de otras capacidades cognitivas que varias especies de animales podrían tener pero que no conocemos, ya que, al no tenerlas, nunca las hemos buscado. Las podemos llamar las desconocidas formas no conocidas de inteligencia. (También podría haber formas de inteligencia que ni nosotros ni los animales tengan, pero que es posible que un organismo tenga).

Algunos lectores podrían experimentar una cierta frustración en este punto. Parecería obvio que los humanos son la especie más inteligente del planeta. Después de todo, los humanos fueron a la luna e inventaron los computadores. No fueron los cuervos. Shakespeare y Bach fueron (supuestamente) humanos y no chimpancés. Esto es indiscutible, pero supone una perspectiva humana sobre qué logros consideramos importantes. Las naves espaciales, los sonetos y las sonatas podrían no impresionar a los pulpos. ¿Por qué habrían de importarles? Sabemos que a los gatos les da lo mismo.

En resumen, el estudio humano de la inteligencia humana tiene larga data, y contamos con teorías sofisticadas con un fuerte poder explicativo en algunos campos. Sin embargo, estas teorías de la inteligencia son más bien limitadas y no incluyen mucho de lo que consideramos importante como humanos. Existen teorías más inclusivas, pero son decididamente menos rigurosas. Desde la perspectiva de la cognición animal, la inteligencia humana parecería ser solo otro conjunto idiosincrático de habilidades cognitivas que evolucionaron para permitirnos sobrevivir y reproducirnos en un nicho ecológico particular. Este conjunto de habilidades nos permitió construir sociedades complejas que maximizan nuestra agencia individual, lo que nos hace sentir como reyes del mundo. Pero en sí mismo no significa necesariamente que nuestra inteligencia sea muy general.

CAPÍTULO 4

Inteligencia (artificial)

En el capítulo anterior, revisamos ideas acerca de la naturaleza de la inteligencia, y particularmente de la inteligencia general en humanos y otros animales. Al interior de la comunidad de IA también se ha originado una buena cuota de reflexión acerca de la inteligencia y de la inteligencia general, lo que exploraremos en este capítulo.

Si hay una idea sobre la inteligencia y la investigación en IA que ha capturado la atención del público, probablemente es el test de Turing. Alan Turing fue un héroe de guerra, matemático y pionero de la ciencia de la computación, quien propuso lo que denominó el "juego de la imitación" en su artículo de 1950 titulado "Maquinaria computacional e inteligencia".[1] El test de Turing es conceptualmente sencillo: un juez humano, que se comunica con otro humano y con un computador, tiene que descubrir quién es quién. El computador "gana" si el juez no puede diferenciar al humano de la máquina. En el artículo de Turing, la comunicación se realiza digitando en teclados y las respuestas se obtienen vía impresora. En nuestros días, podemos pensar en esto como escribir un mensaje de texto o chatear (de hecho, el artículo completo de Turing es sorprendentemente visionario, lleno de ideas interesantes, y vale la pena leerlo hoy).

El test de Turing se ha vuelto extremadamente influyente, pero también es objeto de abundante crítica. Un problema es que depende de las habilidades del juez, y no es solo que algunos jueces sean mejores que otros, sino que todo el tiempo gente común y corriente está logrando mejores resultados como juez de un test de Turing. En 1964, Joseph Weizenbaum creó un programa llamado Eliza, como una sátira computacional de la psicoterapia rogeriana, una corriente terapéutica que, según sus detractores, lo que hacía no era más que reformular como pregunta lo que fuera que los pacientes decían.[2] Eliza es lo que ahora llamaríamos un chatbot, que recibe tus líneas de texto y responde con texto. El programa es muy simple. En general, escanea el texto que tipeas en busca de palabras detonantes, las que usa para plantearte preguntas. Cuando Eliza no puede encontrar las palabras o estructuras correctas en aquello que has escrito, te entrega una respuesta genérica, como "¿Puedes dar más detalles?". No obstante, cuando detecta que mencionas, por ejemplo, a tu madre, te pide que le cuentes más sobre ella. Sí, efectivamente es así de simple.

Desde el punto de vista del test de Turing, lo llamativo es que, en ese tiempo, muchas de las personas que tomaron el test y evaluaron a Eliza creyeron que en realidad era humana. Incluso cuando Weizenbaum explicaba que ella era solo un programa de computador, algunos seguían sin creerlo. No podían aceptar que un computador demostrara tal comprensión de los seres humanos y que fuera capaz de generar un texto tan coherente. Para consternación de Weizenbaum, algunos hasta sugirieron que Eliza se podría usar para hacer psicoterapia de verdad. Hoy, Eliza no engañaría ni a un estudiante de secundaria, quizás ni siquiera a estudiantes de cursos menores. Cualquiera que se haya conectado a internet, aunque sea de forma marginal, habrá interactuado con bastantes chatbots y otros programas de computador generadores de texto y habrá aprendido a detectarlos. La mayoría de la gente que pasa algún tiempo con un sistema de IA conversacional rápidamente aprende el "estilo" y las formas en que fallan los chatbots y sabe qué decir para diferenciar a un humano de un programa de computador. Esto también es válido para los sistemas más nuevos y sofisticados, como ChatGPT. Una vez que has jugado con él por un tiempo, aprendes a reconocer sus trucos y particularidades. Esto parece ser un problema grave, ya que el test de Turing depende de un juez humano, y los jueces humanos varían y aprenden muy rápidamente. ¿Cómo es posible que un test o una definición de inteligencia dependa del observador?

Un problema quizás más fundamental es que el test de Turing es bastante estrecho: realmente solo mide la fluidez conversacional. Muchos aspectos de la inteligencia no se usan cuando se mantiene una conversación, en especial una conversación por texto. Sabemos que los sistemas de IA existentes, sin ser inteligentes en términos generales, pueden llevar a cabo hazañas sobrehumanas en dominios específicos, tales como el ajedrez o el etiquetado de imágenes. ¿Quizás es igual para las conversaciones? Después de todo, ser bueno para conversar puede ser simplemente otro dominio específico. Es lo que parece sugerir la aparición de grandes modelos de lenguaje que demuestran capacidades conversacionales impactantes, pero que tienen pocas capacidades adicionales. Nosotros, los humanos, hemos forjado gran parte de nuestra cultura y de nuestras sociedades en torno a la comunicación escrita, pero es posible vivir una vida plena y resolver muchas tareas cognitivamente desafiantes sin escribir. Obviamente, las personas que no pueden hablar o digitar texto todavía pueden ser inteligentes. Entonces, pareciera que un test o una definición de inteligencia general para las máquinas tendría que incluir su desempeño en un amplio rango de tareas.

En consecuencia, he aquí una definición y un test de inteligencia (artificial) intuitivos: la inteligencia general es la capacidad de alguien o de algo (un *agente* en lenguaje técnico) para resolver todos los problemas posibles. Todos, desde componer sonetos a ordenar listas, pasando por atar los cordones de los zapatos y hacer el balance del presupuesto estatal de Italia, etc. Desde luego, es poco probable que un agente cualquiera pueda desempeñarse bien en la mayoría de los problemas; por ejemplo, yo no sé nada de bordar en punto de cruz y sé muy poco de contabilidad, y puede que tú seas totalmente incompetente para identificar peces comestibles en el Amazonas. Yo también. En realidad, sería imposible poner a prueba la inteligencia general de un agente, porque el número de problemas posibles es infinito. Sin embargo, intuitivamente la idea de que la inteligencia general se defina como tu habilidad promedio para hacer *todo* tiene sentido.

Incluso es posible definir esto formalmente y escribir un programa de computador para probar la inteligencia general de esta manera. No vamos a profundizar en el formalismo, porque este es un libro para el público general, pero permítanme hacerles un bosquejo de los conceptos. Cada problema es un *entorno*, y un agente realiza acciones en ese entorno. Por cada acción que el agente realiza, recibe un comentario sobre el nuevo estado del entorno y una recompensa. La recompensa puede ser un número positivo, un número negativo o cero. Eso se llama entorno de *aprendizaje por refuerzo* y se ha adaptado de la psicología conductista, que estuvo en boga a comienzo del siglo XX, como mencioné en el capítulo anterior.[3]

Un ejemplo de un agente que actúa en un entorno de aprendizaje por refuerzo sería una paloma que aprende a dar un picotazo en cierto botón, pero solo cuando se enciende una luz verde. Cada vez que la paloma da un picotazo en el botón, recibe una deliciosa semilla si la luz verde está encendida (recompensa positiva); pero, si la luz verde no está encendida, la paloma recibe un castigo, que puede ser un sonido desagradable (este tipo de experimentos era el núcleo de la psicología conductista). En otro ejemplo, atar los cordones de los zapatos podría ser un entorno. El estado del entorno, en cualquier momento, incluye la posición de los dedos del agente y de los cordones; el agente recibe una recompensa si logra atar los cordones, la que es mayor si después el nudo se puede desatar, pero no se desata solo. Otro ejemplo sería un agente basado en una red neuronal que juega un videojuego en el cual los puntos del juego podrían usarse como una señal de refuerzo.

Para usar un ejemplo más complejo, podemos imaginar que estás trabajando en condiciones de aprendizaje por refuerzo; si realizas bien tu trabajo, podrías obtener un jugoso bono a fin de año, mientras que, si dejas un desastre, muy pronto podrías encontrarte cesante (el grado en que los empleados responden a este tipo de refuerzo varía ampliamente, con los servicios financieros en un extremo del espectro y la burocracia del sector público en el otro). Una de las diferencias entre que tú hagas tu trabajo y que una paloma dé picotazos en un botón es que tú recibes tu refuerzo con mucho más retraso. Esto es coherente con que tú seas (supuestamente) un agente más sofisticado. En particular, puedes formarte representaciones intermedias de los efectos que producen tus acciones a partir de la observación de sus efectos en el entorno y hacer tus propias inferencias acerca de cómo esos efectos podrían contribuir al refuerzo que recibas a futuro: si te tomas un día libre, quizás te atrases con tu trabajo, lo que puede reducir el monto que esperas como bono.

Otro concepto es el *retorno* de un entorno, que es, simplemente, la suma de todos los refuerzos, tanto positivos como negativos, que un agente obtiene de ese entorno. Si el agente resuelve bien ese entorno, obtendrá un retorno más alto.

Entonces, ¿cómo nos ayuda esto a comprender la inteligencia general? De la siguiente manera: imagina que sometes a un agente a *todos* los entornos posibles. Todos, desde jugar videojuegos a presionar botones, pasando por dominar a las masas, hacer tu trabajo en el sector financiero o en la burocracia del sector público, o lo que sea que hagas para vivir. Como algunos entornos pueden extenderse eternamente, podemos establecer un tiempo límite y solo calcular el retorno que el agente obtiene durante ese tiempo y en ese entorno. Se puede definir la inteligencia general de un agente como su desempeño promedio en todos los entornos posibles.

Obviamente, en la práctica sería imposible poner a prueba de esta forma la inteligencia general de todos, o de todo, ya que hay un número infinito de entornos posibles, pero aun así la definición hace sentido intuitivamente. ¿Qué es la generalidad sino la capacidad de gestionar diversos entornos? Y definir inteligencia en términos de todos los entornos posibles es, sencillamente, la forma más general de generalidad.

Sin embargo, esta idea tiene un problema, pues, a primera vista, aparenta ser un tecnicismo trivial, pero en realidad es clave. El problema es el teorema "no hay almuerzo gratis". Como podrás adivinar, su nombre hace referencia al dicho en la lengua inglesa: "No existe tal cosa como un almuerzo gratis". Lo que el teorema plantea es que "dos algoritmos cualesquiera son equivalentes cuando sus desempeños se promedian a través de todos los problemas posibles".[4] En otras palabras, *todos* los agentes tendrían la *misma* inteligencia general, incluso los realmente tontos que solo realizan cosas al azar.

Esto es altamente contraintuitivo, así que descifrémoslo. Para cada problema, puedes imaginar su problema opuesto, donde la mejor estrategia para resolver el primero es la absolutamente peor estrategia para resolver el segundo... tan mala que incluso realizar acciones al azar tendría mejores resultados. Pues bien, cuando formalizas la noción de problema, se puede demostrar que cada problema tiene su correspondiente problema opuesto. Esto significa que el buen desempeño de un agente en un problema se cancela con el mal desempeño del agente en el problema opuesto. Se ha demostrado que esto se cumple para problemas de optimización, de búsqueda y de aprendizaje supervisado.[5] El supuesto más importante es que el algoritmo dispone de la misma cantidad de tiempo para resolver cada problema.

¿Cómo puede ser cierto esto, cuando sabemos que algunos algoritmos, en la práctica, son mejores que otros? Porque, en la práctica, nunca probamos un algoritmo con todos los problemas. Ni siquiera los ponemos a prueba en una muestra representativa de todos los problemas posibles, sino que los ponemos a prueba en el tipo de problemas que encontramos en el mundo real o que juzgamos importantes o que nos atraen por alguna razón.

El teorema "no hay almuerzo gratis" tiene como consecuencia que, si deseamos definir la inteligencia general como el desempeño sobre un gran conjunto de problemas/entornos, necesitamos encontrar una manera de limitar este conjunto de forma que sea más pequeño que todos los entornos posibles. Otra alternativa podría ser forzar que algunos problemas/ entornos sumen más que otros. Si deseamos que nuestra definición de inteligencia general sea relevante para nuestros intereses como humanos, la variedad de problemas/entornos debería reflejar esto.

Un interesante intento para sortear el teorema "no hay almuerzo gratis" de esta manera es el concepto de inteligencia universal, acuñado por Shane Legg y Marcus Hutter.[6] La inteligencia universal se define como la recompensa promedio calculada sobre todos los entornos posibles, pero con peso asignado de tal forma que los entornos más simples sumen más. "Más simple" aquí no significa necesariamente "más fácil", sino que se refiere a entornos que son fáciles de describir. Estos entornos también favorecen cierto tipo de comportamiento inteligente, ya que la Navaja de Occam (favorecer la hipótesis más simple que explique un fenómeno) tiende a ser una buena premisa para un agente. Un aspecto atractivo de la inteligencia universal es que puede definirse formalmente usando el largo mínimo de la descripción de un entorno como medida de la complejidad de dicho entorno. Un aspecto menos atractivo de esta formalización es la imposibilidad de conocer, de modo que se pueda comprobar, cuál es el largo de la descripción más corta de un programa y, en consecuencia, de un entorno. Además, la inteligencia universal de todas formas requiere pruebas en todos los entornos posibles. Como tal, esto es mucho más una definición teórica que práctica.

Contar con una definición matemática de inteligencia hace posible demostrar varias cosas acerca de ella. Para la inteligencia universal en particular, contamos con un modelo llamado AIXI, que en teoría implementa el agente óptimo, esto es, el agente con la inteligencia universal más alta posible.[7] Tal como la inteligencia universal es imposible de medir en la práctica, así también AIXI es un algoritmo imposible de implementar, pero que sirve como inspiración para varios intentos de crear algoritmos de IAG útiles.

Aunque la inteligencia universal tiene buenas propiedades teóricas, podemos preguntarnos si realmente mide lo que queremos medir. ¿Obtienen los humanos puntajes altos en inteligencia universal? Esto no es para nada claro si no contamos con una noción del espacio de todos los entornos posibles o, al menos, de todos los posibles espacios "simples". Es posible que la mayor parte de estos entornos sean demasiado extraños para un humano típico e, incluso, para los atípicos, como tú o yo. Si resultara que los humanos tienen baja inteligencia universal, ¿qué implicaría eso? ¿Significaría que tenemos una definición equivocada y que la inteligencia general es otra cosa? ¿O significaría que los humanos no tienen inteligencia general?

Estas preguntas son difíciles de responder, en parte porque cuesta visualizar cómo sería un espacio de infinitos problemas o entornos posibles. Quizás hayas avanzado por las páginas anteriores pensando que esto es extremadamente abstracto, y estás en lo correcto. Pero para tomar en serio la palabra *general* en la expresión "inteligencia artificial general", parece que se necesita una definición que, de alguna manera, mencione todos los entornos posibles. Por otro lado, uno podría preguntarse por qué los humanos, evolucionados para vivir en un nicho ecológico en particular, deberían ser capaces de desempeñarse bien en todos los entornos posibles, si esos entornos no son parte de tal nicho. Desde el punto de vista de la biología evolutiva, es muy difícil explicar por qué habríamos evolucionado para desempeñarnos bien en aquellos entornos en los que no nos desarrollamos.

Un supuesto subyacente de la inteligencia universal y de otras teorías similares es que la tarea de los agentes corresponde a resolver problemas o a desempeñarse en entornos que entregan una recompensa, la que es un número positivo o un número negativo. La razón que apoya este supuesto es simplemente su conveniencia. Existe un enfoque desde el cual podemos considerar que todas las actividades dirigidas a objetivos se realizan en entornos que proveen recompensas. Sin embargo, a menudo este es un supuesto bastante exagerado. Si lo piensas, relativamente pocas de nuestras actividades entregan recompensas no ambiguas dentro de un marco de tiempo limitado. ¿Cómo cuantificamos la recompensa por lograr un paso de baile armonioso, por encontrar un regalo significativo para un amigo o por dar un paseo durante la tarde? ¿Cuándo comienza y cuándo termina la tarea de sentarte correctamente en tu silla de la oficina? Si desempeñas mal esta tarea, en algún momento podrías ser recompensado o no con un dolor espalda. Una gran parte de nuestra recompensa por comer sano y por conducir responsablemente es que podríamos vivir unos pocos años más; pero esta recompensa llega solo al final de nuestras vidas, así que el tiempo que necesitamos para completar la tarea es toda la vida. Incluso entonces, tropezamos con el problema que el aprendizaje de máquina llama el problema de la asignación de crédito: digamos que somos "recompensados" con vivir hasta los 95 años, en lugar de vivir hasta los 91. ¿Qué recompensaba eso? ¿Hábitos de alimentación, hábitos de conducción, buen desempeño laboral, ser bueno para dormir la siesta? La respuesta es casi de seguro alguna combinación imposible de conocer.

Podemos seguir este razonamiento hasta el extremo y simplemente equiparar la inteligencia general de un agente con su eficacia biológica. Hablando a grandes rasgos, podemos aproximar la eficacia biológica de un individuo en términos de la cantidad de nietos que tiene. Pero esta definición tiene varias consecuencias extrañas; una sería que las bacterias serían los seres con más inteligencia general, porque en la Tierra existen muchísimas más bacterias que animales, medidas tanto por cantidad de "agentes" como por peso.[8] Claramente, la eficacia biológica por sí sola no es una buena medida de la inteligencia general.

Los investigadores han realizado varios otros intentos por definir la inteligencia general, buscando ir más allá de la subjetividad y de la superficialidad del test de Turing, y de lo abstracto e impracticable de la inteligencia universal. Un ejemplo digno de mencionar es el trabajo de Francois Chollet. Chollet define la inteligencia de una manera que evoca la definición de inteligencia universal, pero con varias condiciones. La versión informal de su definición es como sigue:

> La inteligencia de un sistema es una medida de su eficiencia para adquirir habilidades en un cierto ámbito de tareas, respecto de conocimientos previos, de la experiencia y de las dificultades para generalizar.[9]

Lo primero que resulta interesante de notar en esta definición es que se centra en la capacidad de aprender a resolver tareas más que en la solución de las tareas propiamente tal. Lo otro notable es que toma en cuenta los conocimientos previos y la experiencia, lo que significa que, si eres un ser humano con un doctorado, tu desempeño en la adquisición de habilidades será juzgado de manera distinta a que si eres un ser humano que no fue a la escuela o, para el caso, si eres un pulpo o una red neuronal artificial.

En términos de la teoría CHC, esta definición se enfoca en la *inteligencia fluida* más que en la inteligencia cristalizada.

A pesar de que esta definición todavía es abstracta, Chollet también propone un punto de referencia más práctico para la inteligencia artificial basado en ella. El Corpus de Abstracción y Razonamiento (ARC, por sus siglas en inglés) consiste en un gran conjunto de secuencias de imágenes, aparentemente similar a un test de CI estándar. Sin embargo, las reglas que gobiernan las secuencias de imágenes son considerablemente más complejas y también difieren más entre sí. ARC se orienta como tal a probar la inteligencia fluida; cada secuencia es esencialmente su propio problema. Sin embargo, no está claro si el tipo de inteligencia fluida requerida para desempeñarse bien en ARC es el mismo que el que se necesita para otras tareas.

Un intento interesante de formalizar la inteligencia es el marco de "trabajo a pedido".[10] Este marco considera la inteligencia general como la capacidad de completar una gran cantidad de solicitudes más que de desempeñarse en entornos variados; las tareas se especifican en un lenguaje comprensible para los humanos, lo que introduce un sesgo en la distribución de las tareas, pues estarán más relacionadas con las preferencias y las capacidades humanas.

Como hemos visto en este capítulo, los investigadores en IA han tratado de definir la inteligencia (general) de muchas formas distintas. Aunque algunas definiciones se solapan, también existen importantes diferencias. Las definiciones más abstractas tienen cierto encanto, pero el teorema "no hay almuerzo gratis" apunta a la imposibilidad de una inteligencia general total. Dado este sorprendente resultado, no queda claro que estas definiciones más abstractas se enfoquen en la variedad de habilidades y tareas que son relevantes para nosotros, los humanos. Parece muy posible formular una definición de inteligencia general en la que los humanos no obtendrían un puntaje muy alto. Por otro lado, los test más concretos, como el test de Turing y el ARC, parecen bastante limitados en relación con la gran amplitud de capacidades que tienen los humanos. Encontrar el balance correcto se ve difícil. Quizás sea cuestión del uso que queramos darle a tal definición o, en otras palabras, qué tipo de inteligencia artificial general estamos buscando.

CAPÍTULO 5

Variedades de la inteligencia artificial general

Es hora de volver al tema principal de este libro, la inteligencia artificial general (IAG), y tratar de explorar qué podría significar. El término IAG es utilizado por una amplia variedad de personas para referirse a algún tipo de desarrollo de inteligencia artificial que podría surgir en el futuro. Estos sistemas de IA tendrían habilidades más generales que las que existen hoy en día. Más allá de esto, quienes usan este término parecen referirse a cosas bastante diferentes. Está claro que algunas personas han reflexionado más que otras sobre lo que quieren decir cuando hablan de IAG. Algunos de los que emplean este término tienen poco conocimiento técnico, mientras que otros son investigadores de IA. Hay quienes tienen un conocimiento limitado sobre cómo funcionan las sociedades humanas; otros son economistas, sociólogos, políticos o líderes empresariales.

Para entender el abanico de cosas distintas a las que la gente se refiere cuando habla de IAG, intentemos identificar cómo se diferencian los distintos conceptos de IAG. Estas diferencias pueden entenderse como dimensiones en las que los conceptos de IAG pueden variar. Podríamos usar estas dimensiones para organizar y comparar diferentes visiones de la IAG. Dado que en realidad no existe ninguna IAG, no podemos usar ejemplos del mundo real para ilustrar estas ideas, por lo que utilizaremos lo segundo mejor: ejemplos de la ciencia ficción.

Rango de tareas: un sistema de IAG debería ser general, y esto a menudo se entiende como la capacidad de realizar un amplio rango de tareas. Pero, ¿qué tan amplio debería ser este rango? Sabemos que, según los teoremas "no hay almuerzo gratis", es imposible rendir bien en todos los entornos lógicamente posibles en un tiempo determinado. Sin embargo, esto no es tan relevante, ya que, en cualquier caso, la mayoría de los entornos lógicamente posibles no nos interesan. Entonces, ¿a qué tareas debería limitarse una inteligencia artificial general? ¿Es suficiente que pueda resolver cien tareas razonablemente distintas para ser considerada general? ¿O tal vez mil o diez mil? ¿Y qué tan diferentes deben ser estas tareas entre sí? Los droides del universo de Star Wars, como R2-D2, parecen ser muy competentes, pero solo en dominios limitados como hackear y reparar sistemas computacionales. ¿Sería eso lo suficientemente general como para denominarse IAG?

Dominio de tareas: ¿puede un sistema de IAG estar limitado a un dominio en particular y aun así denominarse inteligencia general? Por ejemplo, si tuviéramos un sistema que pudiera jugar casi cualquier videojuego existente y aprendiera rápidamente a jugar juegos que nunca haya visto, pero que no pudiera hacer nada más, ¿calificaría como un sistema de IAG? Si pudiera sobrevivir como cazador-recolector en el desierto del Kalahari, pero no pudiera hacer nada más, ¿sería IAG?

Corporalidad: ¿sería posible que un sistema de IAG fuera incorpóreo, es decir, que no tuviera sensores ni actuadores propios, ni un cuerpo con el que desplazarse? La ciencia ficción ofrece muchos ejemplos de sistemas de IAG vinculados a un cuerpo específico, ya sea un cuerpo algo humanoide (como Terminator o WALL-E) o un cuerpo muy diferente, como la nave que HAL controla en *2001: Odisea del espacio*. Pero también hay ejemplos de sistemas de IAG que existen solo virtualmente, distribuidos en una gran cantidad de máquinas conectadas mediante una red. La mayoría de los sistemas de IA más impresionantes de hoy en día son completamente incorpóreos: se ejecutan en computadoras intercambiables en grandes centros de datos lejanos, y generan texto o imágenes solo en respuesta a otros textos o imágenes. La robótica del mundo real está demostrando ser mucho más desafiante que la ejecución en dominios completamente virtuales, pero algunas personas argumentan que un sistema de IA necesita ser capaz de funcionar en el mundo real para comprender lo que hace.

Semejanza con los humanos: ¿qué tan similar en capacidades debe ser un sistema respecto a un humano típico para considerarse IAG? ¿Debe ser capaz de hacer todo lo que un humano puede hacer? ¿Tiene que realizar estas tareas de una manera similar a la humana? Es completamente concebible que un sistema de IA pueda realizar una amplia variedad de tareas, incluidas aquellas altamente complejas, pero tener mínimas coincidencias con las tareas que los humanos pueden realizar. ¿Esto contaría como IAG? Muchas definiciones implícitas de IAG parecen asumir que el sistema es muy similar a los humanos, aunque tal vez mejor. La ciencia ficción ofrece numerosos ejemplos de robots que son tan parecidos a los humanos, tanto en apariencia como en capacidades, que con frecuencia logran engañarlos, como Demerzel en la serie de televisión *Foundation* o los diversos robots de *Westworld*. Es más difícil encontrar buenos ejemplos de inteligencias cuyas capacidades sean radicalmente diferentes a las nuestras, ya que, por necesidad, son más difíciles de conceptualizar. Varias historias de Stanislaw Lem, incluidas *Solaris* y *Fiasco*, intentan describir mentes que son extremadamente diferentes a las nuestras.

Capacidad inmediata o aprendizaje: el sistema de IA, ¿debe ser capaz de realizar todas las tareas desde el principio? ¿O se espera que el sistema pueda *aprender* a resolver las tareas? ¿Cuánto tiempo debería necesitar el sistema para aprender nuevas tareas? En este tema, la respuesta extrema de "sin necesidad de aprendizaje" es poco plausible, ya que muchas tareas requieren ser aprendidas mediante ensayo y error. Por ejemplo, aprender a jugar un videojuego nuevo, del que no conoces las reglas: cualquier inteligencia necesitaría fallar algunas veces mientras lo aprende. El algoritmo AIXI descrito anteriormente es un ejemplo del extremo opuesto, donde el agente tiene un tiempo infinito para aprender. Pero un agente que podría tardar la duración del universo en aprender una nueva habilidad probablemente no es lo que las personas imaginan al hablar de IAG. Un camino intermedio razonable podría ser que el sistema de IA necesite, como máximo, tanto tiempo como un humano inteligente para aprender cada tarea.

Un solo agente o varios: es común referirse a la IAG como un único agente unificado, de manera similar a como pensamos en un ser humano. Este agente tendría una sola consciencia y un conjunto único de principios; se conoce a sí mismo y sabe lo que quiere. A menudo vemos representaciones de este tipo de sistemas de IAG en la ciencia ficción, como HAL en *2001: Odisea del espacio* o Terminator. Muchos de los argumentos en el libro *Superintelligence* de Nick Bostrom asumen implícitamente que el sistema de IA es un agente único y coherente.[1] Otra posibilidad, como hemos visto, es considerar que la inteligencia general es de propiedad de un colectivo en lugar de un individuo, tal vez incluso de una sociedad. En los insectos sociales como las hormigas podemos reconocer un paradigma natural de inteligencia colectiva. ¿Se podría construir un sistema IAG a partir de un gran conjunto de agentes independientes que, a su vez, no cuenten con inteligencia artificial general?

Agente o servicios intencionales: al pensar en cómo sería una inteligencia artificial general, uno se imagina naturalmente un agente que tiene sus propias intenciones y actúa en consecuencia por su propia voluntad. Pero si vemos los diversos sistemas de software que existen hoy en día, encontramos una evidente falta de intención y de acción independiente. Incluso los sistemas de IA más sofisticados son simplemente herramientas o servicios; están diseñados para un propósito particular y generan algún tipo de salida en respuesta a una entrada humana. La pregunta en el contexto de la IAG es si acaso un sistema que es solo una colección de servicios cuenta como IAG o si necesita tener sus propias intenciones y actuar de manera independiente en base a ellas.

Al plantear estas preguntas, podemos crear una taxonomía de significados del término *IAG*. Si bien podríamos enumerar todas las combinaciones posibles de las dimensiones de la varianza, sería una lista muy larga en la que la mayoría de las combinaciones no serían muy interesantes. En cambio, exploremos algunas concepciones comunes, con algunos comentarios sobre cada una. Continuaremos utilizando ejemplos de la ciencia ficción para ilustrar estos conceptos, cuando sea apropiado.

IA a nivel humano: este concepto de IAG corresponde a una máquina que puede realizar más o menos el mismo rango de tareas que un humano, a un nivel más o menos equivalente, así como podría ser mucho mejor que los humanos en algunas de ellas. Algunos ejemplos en la ciencia ficción son los personajes Bishop en la película *Aliens*, Data en *Star Trek: The Next Generation* o Ava en *Ex Machina*. Aunque una IA de nivel humano no necesariamente tendría que parecerse a un humano, aparentemente necesitaría ser corpóreo, dado que gran parte de la inteligencia humana está profundamente vinculada a nuestros cuerpos. Es de suponer que una IA de nivel humano también aprendería a realizar tareas en el mismo periodo de tiempo que un ser humano. Este concepto de IAG es fácil de imaginar porque es "como nosotros, pero en versión IA". No obstante, los humanos han evolucionado para ocupar un nicho ecológico específico y tienen un conjunto idiosincrásico de capacidades que llenan este nicho. No está claro por qué elegiríamos construir un sistema con exactamente esas capacidades. Es probable que también sea mucho más difícil construir un sistema que tenga exactamente el mismo rango de capacidades que un humano, que uno que sea enormemente superhumano en algunas tareas, pero incapaz de realizar muchas otras que los humanos sí pueden hacer.

Droide de propósito específico: otra versión común de IAG, en la ciencia ficción, es una inteligencia de propósito específico que es significativamente mejor que los humanos en algún dominio particular, pero generalmente peor o deficiente en otros aspectos. Estos agentes tendrían intencionalidad y algún tipo de capacidad de razonamiento genérico, lo que les daría cierta capacidad de acción independiente y un conjunto de habilidades significativamente más amplio que cualquier sistema de IA que existe en la actualidad. Al mismo tiempo, no serían capaces de manejar muchas situaciones que los humanos enfrentan con frecuencia. Buenos ejemplos en la ficción son los droides de la franquicia Star Wars: R2-D2 y C-3PO aparentemente tienen una autoconsciencia extendida en el tiempo, intenciones, personalidad y habilidades de razonamiento dentro de sus nichos específicos, pero son generalmente ineptos en la mayoría de las situaciones a las que se enfrentaría un humano (quizá así es como otras inteligencias verían a los humanos).

Mente incorpórea: las novelas *Culture* de Iain M. Banks están ambientadas en una civilización utópica en la que seres parecidos a los humanos coexisten con *Mentes*, máquinas enormemente inteligentes. Las Mentes no tienen cuerpo propio, pero son en gran medida responsables del funcionamiento de la sociedad y, por tanto, controlan una gran variedad de robots móviles. Banks imagina a las Mentes con muchos rasgos humanos, incluidos la empatía, el sentido del humor y una gran intencionalidad. Básicamente, son muy parecidas a los humanos, pero con memoria, capacidad de atención, precisión y velocidad de procesamiento mil o un millón de veces mayores. Las Mentes poseen una enorme cantidad de conocimientos, pero deben adquirirlos como nosotros, a través de la comunicación y la observación. Además, las Mentes no son omniscientes. En las novelas del universo *Culture*, hay numerosos ejemplos de Mentes que no saben qué hacer o cómo hacer algo porque carecen del conocimiento necesario.

Ser omnisciente: ¿y si decimos que el abanico de tareas son todas las tareas sin entrenamiento? Esto implicaría que el sistema de IAG sabría instantáneamente cómo realizar cualquier tarea. Podría decirse que esto significaría que habríamos creado un ser omnisciente. Si bien no sería omnipotente en un sentido físico, sería omnipotente en un sentido cognitivo. Afortunadamente (¿no?), sabemos que, según el teorema "no hay almuerzo gratis", tal omnipotencia no es posible (dentro de periodos de tiempo limitados). Este tipo de IAG pertenece más al ámbito de la teología que al discurso científico.

Inteligencia alienígena: ¿qué significaría eliminar completamente el requisito de semejanza con los humanos? Supongamos que un sistema de IAG pudiera realizar una amplia gama de tareas, mucho más amplia que cualquier sistema de IA actual, pero que esas tareas tuviesen casi nula coincidencia con las que puede realizar un ser humano. Este sería un sistema con un conjunto de capacidades completamente diferente al nuestro, tal vez tan diferente como lo son las capacidades de una abeja respecto a las de un camarón mantis.

Efectivamente, una inteligencia así viviría en un mundo diferente. Sus objetivos e intenciones serían, en la medida en que tuviera intenciones de la forma en que las concebimos, en gran parte incomprensibles para nosotros. También podría ser inútil para nosotros, porque podría ser incapaz de realizar las tareas en las que necesitamos ayuda, no entender lo que necesitamos o, simplemente, no interesarse en ello. Imaginar cómo sería un sistema así es, casi por definición, extremadamente difícil. Lo más cercano que podemos lograr son las muchas historias de "primeros contactos" escritas por diversos autores de ciencia ficción. Como se mencionó anteriormente, la experiencia de contacto con una inteligencia verdaderamente alienígena es un tema central en el trabajo de Stanislaw Lem. A menudo, en las historias de Lem no queda claro si experimentamos una inteligencia biológica o una basada en máquinas, pero el pensamiento de dichos seres es, de alguna manera, perpendicular al nuestro. Las historias de China Miéville también incluyen ejemplos de inteligencias profundamente alienígenas e insondables, como en *Perdido Street Station* o *Embassytown*. Se podría argumentar que, en la medida en que un sistema de IA sea construido por humanos, no podría ser verdaderamente alienígena. Sin embargo, como veremos en el capítulo 8, un sistema de aprendizaje abierto podría aprender de un mundo autogenerado que sea sustancialmente diferente al nuestro y, por lo tanto, adquirir habilidades que sean muy diferentes a las nuestras.

Inteligencia colectiva: no es necesario exigir que un sistema de IAG sea un único agente y que tenga un sistema de creencias unificado y acceso a las distintas partes de su propio procesamiento. Podría ser un conjunto de sistemas más pequeños que estén lógica o incluso físicamente separados, pero que sean capaces de comunicarse de alguna manera. Las partes individuales o subsistemas podrían ser similares entre sí o muy diferentes, con áreas de responsabilidad distintas. Las decisiones tomadas por este tipo de sistema de IAG probablemente no residirían en un subsistema particular, sino en el sistema en su conjunto, de la misma manera que ninguna hormiga individual decide la ubicación y forma de un hormiguero. Un ejemplo de esto en la ciencia ficción es el Borg en *Star Trek: The Next Generation*.

El ayudante de Office (Clippy), mejorado: ¿cómo podría ser la IAG si elimináramos no solo los requisitos de corporalidad y similitud con los humanos, sino también el requisito de la intencionalidad? Una respuesta sería una colección de "servicios inteligentes," muy similares a los softwares de productividad actuales. Imagina Microsoft Office, Adobe Creative Suite o Google Workspace, pero con la capacidad de hacer prácticamente todo lo que una persona con formación en esas aplicaciones podría hacer (y que podría realizarse de forma remota). Te daría sugerencias sobre qué podrías querer hacer (¿escribir una historia?, ¿irte de viaje?, ¿pagar tus impuestos?, ¿reevaluar tus decisiones de vida?), y te asistiría en cada paso, o lo haría todo por ti, si así lo prefirieses. La comunicación con este sistema de IAG podría realizarse en lenguaje natural completo y, según sea necesario, junto con otras interfaces. Tal vez incluso se inventarían nuevas interfaces sobre la marcha. A pesar de toda su capacidad, este sistema no tendría voluntad propia y actuaría simplemente como un conjunto casi infinitamente potente de herramientas con el que sus usuarios podrían trabajar, divertirse o hacer lo que deseen. Un ejemplo cercano a esto en la ciencia ficción es la computadora de la nave en *Star Trek: The Next Generation*, incluida su herramienta de holocubierta.

Estos ejemplos de concepciones de IAG son, por supuesto, solo una muestra. Al leer las últimas páginas, lo más probable es que se te haya ocurrido alguna otra variación sobre el tema de la IAG que yo no haya mencionado. Por ejemplo, existen muchos casos intermedios posibles entre el droide de propósito específico y la mente incorpórea. Como puedes ver, estas concepciones de IAG son marcadamente diferentes y, en algunos casos, incluso incompatibles entre sí. No obstante, en el discurso general, el término *IAG* suele usarse sin mucha precisión, lo que significa que no sabemos a qué concepción específica remite. Esto afecta claramente las estimaciones de los plazos necesarios para desarrollar la IAG y las afirmaciones acerca de si su desarrollo es siquiera posible. Decir que tendremos algo como un droide de propósito específico en veinte años es muy diferente a decir que tendremos una mente incorpórea en el mismo periodo. Y aunque muchos argumentarían que nunca lograremos la variedad de IAG equivalente a un ser omnisciente, muchas de esas mismas personas estarían de acuerdo en que la concepción tipo "Ayudante de Office mejorado" de la IAG es alcanzable en algún momento.

Más importante aún, los expertos que utilizan diferentes conceptos de IAG no solo pueden discrepar sobre los tiempos y la viabilidad, sino también sobre la dirección que debería tomar el desarrollo de la IA hacia la IAG. El tipo de esfuerzo que nos llevaría a lograr el tipo "Ayudante de Office mejorado" podría no ayudarnos a avanzar hacia una IA de nivel humano; también la inteligencia alienígena y la inteligencia colectiva podrían ser direcciones diferentes.

Este libro no se compromete con ningún concepto único de IAG. Es decir, no definiré lo que "realmente" significa la IAG, ya que significa cosas diferentes para personas diferentes y, además, no existe un consenso al respecto. Seguiré hablando de sistemas de IAG como sistemas que son significativamente más capaces en general que cualquiera de los sistemas que hoy llamamos inteligencia artificial.

Una cosa que no he discutido en este capítulo es qué principio subyacente o arquitectura usaría un sistema de IAG. Algunas personas optarían por definir la IAG no en términos de las capacidades del sistema, sino en términos de su modo de operación. En concreto, algunos investigadores sostienen que, en principio, la IAG no puede construirse únicamente sobre el tipo de aprendizaje inductivo que realizan las redes neuronales profundas.[2] Una interrogante relacionada es si la IAG se distinguirá claramente de los enfoques de la IA que tenemos hoy en día, o si será necesario algo completamente nuevo. Dejaré estas preguntas abiertas mientras exploramos formas prácticas de abordar la IAG.

Después de haber intentado dar una visión general de las diversas maneras en que se entiende el término IAG, y de no haber encontrado un concepto universalmente consensuado, creo que ha llegado el momento de ponernos técnicos. En los tres capítulos siguientes se analizan los enfoques técnicos de la IAG. En el capítulo 6 se repasan los enfoques de la IA para crear sistemas más generales, mientras que en los capítulos 7 y 8 se describen con más detalle dos enfoques concretos de la IA más general.

CAPÍTULO 6

Desarrollo de la IAG práctica

En el capítulo 2 argumenté que ya tenemos un gran número de programas de computador que son en algunas formas sobrehumanamente inteligentes, pero que todos tienen capacidades más bien limitadas. Ese capítulo estaba estructurado en su mayoría de forma cronológica, como una historia de la IA superhumana. En este capítulo, repasaré el desarrollo histórico de la IA, pero me enfocaré en los tipos de enfoques utilizados. Hablaré de cómo se han probado varios enfoques de desarrollo de inteligencia artificial para lograr la generalidad y cómo la mayoría ha fallado. En los próximos dos capítulos, indagaré en dos direcciones específicas que son prometedoras para que hoy en día se logre una inteligencia artificial general.

Varios de los sistemas de IA sobrehumana analizados en el capítulo 2, incluidos el Logic Theorist y Deep Blue, son un producto de lo que generalmente se denomina IA simbólica. En este enfoque, el conocimiento por lo general se codifica como declaraciones proposicionales en una forma (medianamente) legible para humanos.[1] En el sistema Logic Theorist, el conocimiento proposicional incluye varios axiomas sobre números, así como la forma de las transformaciones lógicas. En el sistema Deep Blue, el estado del tablero (por ejemplo, "caballo blanco en A2") se codifica proposicionalmente, así como los movimientos que son permitidos (por ejemplo, "los peones pueden capturar piezas avanzando en diagonal"). Un algoritmo de búsqueda se utiliza posteriormente para tratar varias recombinaciones de las declaraciones existentes, lo que produce nuevos teoremas en Logic Theorist y planes en Deep Blue. Este enfoque tiene características muy atractivas, tales como que la base de conocimiento es legible y editable por humanos, que podemos garantizar que se siguen leyes lógicas, y que podemos comprender en cierta medida cómo nuestros sistemas de IA funcionan. Este enfoque simbólico a la IA ha producido varios descubrimientos científicos y sistemas útiles. Los servicios y aplicaciones que usas hoy, incluidos los motores de búsqueda, los servicios de mapas y las bases de dato, se basan en los avances en la IA simbólica.

El enfoque simbólico a la IA es en cierto sentido el original, como fue adoptado por la mayoría de los que participaron en el seminario de 1956 que le dio al campo de la inteligencia artificial su nombre y articuló su primera visión investigativa.[2] Hasta aproximadamente los años noventa, el enfoque simbólico dominó la investigación en IA. Su dominio fue tal que los defensores de enfoques alternativos, que buscaban inyectar nuevas ideas y perspectivas a la IA, llegaron a referirse a la IA simbólica como "GOFAI", un acrónimo en inglés que significa "la buena y tradicional IA".

¿Podemos lograr algún tipo de IAG con una IA completamente simbólica? Por desgracia, la evidencia de varias décadas de intentos es poco alentadora. Un problema es que codificar el conocimiento que el sistema necesita en forma simbólica es muy difícil. En los años ochenta, muchos investigadores trataron de crear lo que se denominó como "sistemas expertos", que eran sistemas que ayudarían a los usuarios, por ejemplo, con el diagnóstico médico o el asesoramiento profesional.[3] La idea era entrevistar a expertos humanos sobre cómo hacían sus trabajos, y codificar su conocimiento y lógica en el sistema experto. No obstante, los humanos no son muy buenos para articular lo que saben o la forma como hacen el trabajo en la manera clara y no ambigua que necesitan los sistemas simbólicos. El problema empeoraba mientras más general fuese el sistema, algo que no es un buen presagio para la creación de una inteligencia general. Un buen ejemplo de esto es el proyecto Cyc, una ambiciosa iniciativa para codificar todo el "conocimiento de sentido común" como declaraciones proposicionales para la IA simbólica.[4] El proyecto ha estado en funcionamiento desde 1984 y solo ha logrado resultados prácticos limitados.

Un problema relacionado es cómo hacer una interfaz con el mundo "real" más allá del conocimiento codificado simbólicamente. En otras palabras, cómo dar entradas sensoriales (visión, audición, tacto, etc.) a un sistema y dejar que influya en el mundo tocándolo y moviéndolo. El primer robot móvil del mundo, Shakey, fue creado firmemente dentro del paradigma simbólico.[5] Shakey usaba una cámara de televisión conectada a un computador del tamaño de una habitación (esto fue a comienzos de los años setenta) para crear una representación interna del mundo a su alrededor, y luego planificaba la ruta y las acciones usando métodos simbólicos. El proyecto fue un gran éxito: no solo proporcionó prueba de un robot móvil, sino que también se inventaron importantes algoritmos durante el transcurso del proyecto. Sin embargo, Shakey era excepcionalmente frágil. Solo podía desplazarse y actuar dentro de habitaciones particularmente iluminadas y dispuestas, amobladas con bloques especiales, e incluso así se podía tardar minutos para decidir su próximo movimiento. El brillo del sol por la ventana o un poco de polvo frente a la cámara podía arruinar todos sus planes. Lamentablemente, este fue un síntoma de un problema más grande para la IA simbólica: el conocimiento codificado simbólicamente sobre el mundo exterior termina siendo desordenado y complejo, y no es fácil de codificar en declaraciones objetivas claras. Cuando finalmente se lograron avances reales en la robótica en los años noventa, ocurrió por fuera del paradigma simbólico que trataba de emular el funcionamiento de los insectos.[6]

Los investigadores han hecho varios intentos de comprender filosóficamente las limitaciones a las que se enfrenta la IA simbólica a nivel de sistemas expertos o robots móviles. Uno de estos casos es el problema de la referencia de los símbolos: los símbolos que el sistema computacional utiliza realmente no significan nada, porque no los puede referir a experiencias sensoriales. Para ti, la palabra *niebla* evoca recuerdos de experiencias y asociaciones específicas con ánimos y eventos. Para un sistema de IA simbólico, es solo un símbolo que se puede manipular de formas específicas.[7]

A partir de los años 80, la investigación sobre inteligencia artificial gradualmente se fue enfocando más y más en el aprendizaje automático. En el aprendizaje automático, el sistema de IA aprende a partir de datos o de su propia conducta.[8] Mientras que algunas de las primeras investigaciones sobre aprendizaje automático comenzaron en los años cincuenta, las aplicaciones prácticas se habían retrasado principalmente por la falta de datos y de capacidad computacional. Varios algoritmos desarrollados en los ochenta, en combinación con procesadores más rápidos, hicieron que el aprendizaje automático fuera práctico. En particular, como se mencionó en el capítulo 2, se crearon métodos eficaces para entrenar las redes neuronales.[9] Sin embargo, muchos otros métodos de aprendizaje automático no se basan en las redes neuronales; en particular, los métodos que se basan en árboles de decisiones y las máquinas de vectores de soporte siguen siendo importantes en las aplicaciones del mundo real. Sin importar el algoritmo que se utilice, en términos generales es posible dividir el aprendizaje automático en tres tipos: el aprendizaje supervisado, el aprendizaje autosupervisado y el aprendizaje por refuerzo.

La forma más común de aprendizaje automático es el aprendizaje supervisado. En este caso, una red neuronal o un modelo de aprendizaje automático se entrena en conjuntos de entradas y objetivos. La meta es predecir el objetivo a partir de la entrada. Por ejemplo, la entrada puede ser una lista de cosas que un cliente quiere comprar, y el objetivo es si el cliente tiene un interés en una categoría de productos particular, como productos de belleza masculinos Luego de ser entrenado con los datos de miles de clientes que han visitado una tienda, el algoritmo de aprendizaje automático podría aprender a predecir intereses con precisión para que la tienda pueda dirigir su publicidad a clientes específicos. Tomemos otro ejemplo: la entrada puede ser la imagen de una cara, y el objetivo puede ser identificar la edad de la persona en la imagen. En la práctica, hoy en día el aprendizaje supervisado se utiliza en todo, desde la biométrica, en donde los modelos entrenados predicen si una huella pertenece a un usuario dado, hasta la salud, los sistemas de asistencia de conducción en automóviles, las decisiones de créditos en bancos y la revisión gramatical.

Mientras que los sistemas de aprendizaje automático pueden manejar entradas pequeñas o altamente estructuradas, la revolución del aprendizaje profundo de la década del 2010 nos dio sistemas de aprendizaje supervisado que operan directamente con imágenes de alta resolución, así como archivos de sonido sin procesar y otros datos no estructurados de alto volumen.[10] AlexNet, que se mencionó en el capítulo 2 como un ejemplo de sistema de IA sobrehumana, y el conjunto de datos de ImageNet con los que se entrenó, jugaron un rol clave en esta revolución. Es interesante que AlexNet no difiere mucho de las redes neuronales que se habían entrenado décadas atrás; solo era más grande y profunda (tenía más capas), y se entrenó con más datos y por más tiempo. Podría decirse que lo más importante de la revolución del aprendizaje profundo no fueron los nuevos algoritmos, sino más datos y más potencia computacional. Las vastamente mayores cantidades de datos provenían de internet, de millones de usuarios y sus cámaras digitales, y las mayores capacidades computacionales venían de las GPU, los procesadores gráficos que originalmente se crearon para los videojuegos pero que terminaron siendo realmente útiles para entrenar redes neuronales de manera rápida.

Una forma en la que una red más profunda puede hacer cosas que una menos profunda no puede es mediante el aprendizaje de representaciones. Los sistemas de aprendizaje automático anteriores, a veces llamados aprendizaje automático "superficial", necesitaban que los datos ingresados fuesen formateados en "características" significativas. Por ejemplo, digamos que quieres entrenar a un sistema reconocimiento facial para que pueda identificar a personas individuales. En el aprendizaje automático superficial, se necesita primero usar un programa escrito por un humano que identifique un número de características de la cara, tales como la distancia entre los ojos, la cara y la nariz, el tamaño de las cejas, etc.[11] Con el aprendizaje profundo, se puede hacer reconocimiento facial directamente con los pixeles de la imagen, sin tener que identificar explícitamente las características. Lo que hace que esto funcione es que la red neuronal desarrolla sus propios extractores de características. En las primeras capas podría identificar líneas y patrones de luz y oscuridad. En capas siguientes podría identificar la nariz, los ojos, las orejas, etc. Este proceso se llama aprendizaje de representaciones, lo que significa que la red neuronal aprende las representaciones que ella misma necesita.[12]

El aprendizaje supervisado también se puede utilizar para entrenar agentes de IA a comportarse en juegos y simulaciones, o incluso robots reales. Aquí, el algoritmo de aprendizaje se utiliza para imitar las acciones de uno o muchos seres humanos. Por ejemplo, digamos que quieres usar el aprendizaje supervisado para enseñar a una red neuronal a conducir un automóvil a partir de datos recolectados de la conducción humana. Los datos consistirían en muchos pares de observaciones y acciones. La entrada es una observación del estado en el que estaba el auto (los datos de la cámara muestran lo que está en frente del auto, la lectura del velocímetro, quizás otros sensores tales como un lídar), y el objetivo es la acción que el humano realizó en dicha situación, tal como doblar el manubrio hacia la izquierda o frenar. Esto funciona bien.[13] Quizás sorprendentemente, la primera demostración de conducción en carretera basada solo en aprendizaje supervisado a partir de datos de conducción humana ocurrió ya en los años ochenta.[14] La tecnología ha seguido mejorando desde entonces, y también ha pasado lo mismo con el desempeño. Sin embargo, lograr un nivel de conducción que sea consistentemente tan bueno como el de un buen conductor humano ha resultado esquivo. Hasta la mejor de estas redes neuronales entrenadas a veces comete errores ridículos.

¿Podemos construir una IAG basada solamente en aprendizaje supervisado? Casi seguro que no. No tenemos los datos de entrenamiento. Si queremos llegar a la inteligencia general a través de la imitación, primero necesitamos tener algo que imitar. Y aun si pudiésemos de alguna forma registrar *todo* lo que hace un gran número de humanos en un formato adecuado para el entrenamiento, terminaríamos imitando todos los errores, pasos en falso y malas decisiones que la gente toma, además de las buenas decisiones.

Otra forma de aprendizaje automático es el aprendizaje por refuerzo. Las raíces del aprendizaje por refuerzo se remontan casi a los inicios del aprendizaje supervisado: ya en 1952, cuando Arthur Samuels en IBM escribió un programa que se autoenseñaba a jugar damas enfrentándose a sí mismo.[15] La idea principal del aprendizaje por refuerzo es que un agente aprende a hacer la acción adecuada observando los resultados de sus propias acciones.[16] Cada vez que el agente realiza una acción (como hacer una jugada en damas), ve cómo el estado del mundo ha cambiado (el nuevo estado del tablero de damas) y, de manera intermitente, también obtiene algún tipo de recompensa positiva o negativa. Quizás reconozcas este formalismo de una parte anterior del libro, porque se utiliza para la definición de inteligencia universal analizada en el capítulo 4. En el aprendizaje por refuerzo, el algoritmo utiliza la retroalimentación para actualizar la red neuronal (aquí denominada la *política*) para que logre un mejor desempeño. Si la retroalimentación fuese negativa, hace menos de aquello que lo llevó a la recompensa negativa, y si es positiva, se refuerza lo que se hizo bien. Al inicio del entrenamiento de aprendizaje por refuerzo, la política toma acciones aleatorias, pero, a medida que aprende de sus errores, gradualmente se vuelve mejor.

Aunque al principio hubo usos impresionantes del aprendizaje por refuerzo, tales como el TD-Gammon, un famoso programa de backgammon de 1992, este no tuvo mucho éxito durante décadas.[17] Pero entonces llegaron las redes neuronales profundas. En un estudio pionero del 2015, un equipo de investigadores de Google DeepMind demostraron cómo el aprendizaje por refuerzo se podía utilizar para entrenar redes neuronales profundas para jugar videojuegos usando solamente pixeles de la pantalla como entradas.[18] Los avances algorítmicos fueron modestos, pero los investigadores usaron los algoritmos en redes neuronales mucho más grandes de las que se habían utilizado anteriormente, y estas fueron entrenadas por mucho más tiempo. El resultado fueron redes neuronales que podían superar el desempeño humano en docenas de juegos clásicos de la consola de videojuegos Atari. Con esta nueva confianza, los investigadores comenzaron a aplicar el aprendizaje por refuerzo en todo tipo de cosas, desde el control de robots simulados hasta el diseño de casas e incluso la estructura de otras redes neuronales.[19]

Entonces, ¿es el aprendizaje por refuerzo, por sí solo, una ruta viable hacia la IAG? Es poco probable. Aplicar el aprendizaje por refuerzo por sí solo requiere que se haga la misma tarea miles y hasta millones de veces. Nunca vas a encontrar una buena política sin fallar una y otra y otra vez. Esto sirve para los videojuegos o para cualquier tarea para la cual tengamos simulación rápida y precisa.[20] Sin embargo, para la mayoría de las tareas del mundo físico, no tenemos esto. No se puede usar el reforzamiento para aprender a conducir un auto en el mundo real, porque probablemente se tendría que chocar cientos de autos y posiblemente matar personas antes de que mejore su capacidad de manejo. Se puede usar el aprendizaje por refuerzo para conducir en un videojuego como *Grand Theft Auto*, pero, a pesar de lo que pensaba antes de obtener mi licencia de conducir en Brooklyn a los 41 años, conducir en el mundo real es distinto a los videojuegos. Además, construir un simulador de conducción que tenga la suficiente precisión, en particular de conducción en ciudad, es sorprendentemente complejo.

Otro problema importante con el aprendizaje por refuerzo es el sobreajuste, lo que significa que las políticas tienden a funcionar solamente en situaciones muy similares a aquellas en las que fueron entrenadas.[21] Digamos que logras entrenar a una red neuronal para que pueda conducir. Es posible que la política solamente funcionará en los escenarios particulares en los que la entrenaste. Si tratas de usar esta política para conducir en caminos distintos a estos, podría hacer algo completamente inesperado. También podría dejar de funcionar si cambia el tipo de auto o incluso el clima. Y ni pienses en sumar objetos no reconocidos (como un ciervo) para los cuales la red neuronal no ha recibido entrenamiento.

Para el aprendizaje de la inteligencia general en especial, también está el asunto de las recompensas. Como podrás recordar del análisis de la inteligencia universal, el supuesto de que todo lo que vale la pena hacer puede formularse como una tarea que te dará una recompensa pronto se vuelve problemático. Este es un problema no solo en la teoría, sino también en la práctica. Se puede definir un buen sistema de recompensas para muchos videojuegos y la mayoría de las tareas de conducción, así como para algunas tareas robóticas, como recoger la basura. Sin embargo, como se indicó en el capítulo 4, muchas de estas tareas que realizamos no vienen con criterios claros de éxito y, por lo tanto, no cuentan con recompensas claras. Y aunque, en principio, podrías definir sistemas de recompensas para una gran variedad de tareas, como realizar buenos movimientos de baile o dar un paseo para despejar la mente, hacer esto para todo lo que hacemos en la vida diaria sería, por decir lo menos, una tarea difícil.

En la biología, la única recompensa que importa a fin de cuentas es la eficiencia biológica: la propagación de tus propios genes. La evolución darwiniana, que esencialmente optimiza la "señal de recompensa" de tener mucha descendencia, es lo que ha producido la impresionante inteligencia natural que estás usando ahora mismo. ¿Cómo podemos tomar prestada esta idea y crear una IAG evolutivamente, a la manera de Discovery Channel?

Los algoritmos evolutivos son algoritmos que están inspirados en la evolución natural. Estos "evolucionan" las soluciones introduciendo cambios aleatorios en una población de soluciones, descartando las peores y dejando que se recreen las mejores, es decir, haciendo copias de ellas con pequeñas modificaciones. Las soluciones son evaluadas según su "función de aptitud", que es una medida numérica de la calidad de una solución. Al hacer esto de forma repetida, el algoritmo finalmente encuentre soluciones correctas. Una solución aquí sería casi cualquier cosa, dependiendo de la tarea que quieras resolver. Si quieres crear agentes inteligentes, las soluciones podrían ser redes neuronales.

¿Podemos crear una IAG mediante computación evolutiva? Intuitivamente, tendría sentido que pudiéramos. Podríamos crear entornos simulados en donde los agentes tengan que resolver una variedad de tareas para sobrevivir, y los mejores agentes (o más bien las redes neuronales que los potencian) conseguirían sobrevivir y tener descendencia. Al final, tendríamos agentes con una inteligencia alta y general, si esa es la estrategia ganadora en ese entorno.

Esto suena bien y fácil, o al menos así sonaba cuando comencé mi doctorado. Sí, era inocente, como correspondía a mi edad. Como era de esperar (en retrospectiva), cuando se trata de evolucionar la inteligencia general, es más fácil decirlo que hacerlo.

Los algoritmos evolutivos funcionan bien y son extremadamente robustos cuando defines una función de aptitud adecuada. Los investigadores han sido capaces de evolucionar antenas de radar, niveles de juego, calendarios de producción y muchas otras cosas, lo que incluye redes neuronales que controlan robots móviles que pueden realizar tareas complejas con éxito.[22] Sin embargo, en todos estos casos, las funciones de aptitud son fáciles de definir. La inteligencia general ya es, como hemos visto, lo suficientemente difícil de definir. Escribir una función de aptitud que de alguna la refleje es aún más complejo. (Una razón más para querer una buena definición de inteligencia general es que tal definición es el primer paso hacia una función de aptitud). En teoría, la función de aptitud podría ser implícita, en el sentido de que el agente se desempeña mejor que otros agentes en un entorno complejo. En la práctica, hasta ahora tales intentos no han llevado a la aparición de agentes muy inteligente, en parte porque los entornos simulados a la escala que parece ser necesaria son computacionalmente muy costosos, y en parte porque es difícil crear entornos con el tipo correcto de desafíos.

Ahora, te podrías preguntar por qué necesitamos usar solo uno de estos tres enfoques para construir una IAG. ¿No podemos combinarlos de alguna manera? ¿Usar lo mejor de cada uno? Y es una buena pregunta. A lo largo de la historia de la IA, ha existido una tensión entre lo que se ha llegado a denominar "neats" o pulcros, que son más logicistas, y los "scruffies" o desaliñados, que son más procedimentalistas. Los pulcros hacen hincapié en soluciones conceptualmente simples y teóricamente bien fundadas. Un sistema ideal de IA, para un pulcro, se basa en un solo principio, y se puede demostrar teóricamente por qué funciona. Por el otro lado, los desaliñados creen que todo vale, y argumentan que los distintos enfoques a la IA tienen distintas fortalezas que se pueden usar en combinación.[23] Para un pulcro, un sistema ideal de IA es una cosa bella, de preferencia pequeña y encapsulada en unas cuantas ecuaciones. Para un desaliñado, un sistema ideal de IA es uno que hace el trabajo, aun si es una combinación profana de partes dispares y nadie entiende realmente cómo funciona.

Algunos de los trabajos que en el último tiempo han sido predominantes en el aprendizaje profundo pertenecen a la escuela de los pulcros, en el hecho de que se basan en un principio único y son algorítmicamente muy sencillos. Por ejemplo, la red AlexNet que ganó la competencia ImageNet se basa en un principio simple (algoritmo del descenso del gradiente) y solo dos tipos distintos de capas de redes neuronales. Con un marco de aprendizaje profundo moderno, el código tiene solo unas pocas docenas de líneas. Por otro lado, es poco pulcro, en el sentido de que el gran tamaño de la red entrenada (62 millones de parámetros) vuelve imposible comprenderla simplemente observándola.

Otro trabajo importante del último tiempo es decididamente más desaliñado. Tomando otro ejemplo de un sistema de IA extremadamente influyente, analicemos el AlphaGo, el programa de DeepMind que en el 2016 venció a uno de los mejores jugadores de Go e inauguró la era del juego superhumano en este milenario juego de mesa.[24] AlphaGo es un sistema de IA simbólico en el sentido de que el estado del tablero se representa simbólicamente, y un algoritmo de búsqueda que prueba varias jugadas se localiza al centro de todo el sistema. Sin embargo, también se basa en gran medida del aprendizaje supervisado, que se utilizó para entrenar redes en miles de partidas entre jugadores expertos. Estas redes ayudan al algoritmo de búsqueda al evaluar ambos estados del tablero y las posibles jugadas. Finalmente, el aprendizaje por refuerzo juega un rol fundamental para alcanzar ese desempeño clave que supera al humano. Después de que las redes neuronales se volvieron tan buenas como era posible con el entrenamiento basado en datos humanos, estas mejoraron aún más al contar con el sistema AlphaGo para jugar contra sí misma, lo que le permitió aprender de sus propios éxitos y fracasos.

En los siguientes dos capítulos, vamos a analizar dos enfoques a la IA que se basan en los distintos enfoques que hemos visto aquí y los combinan. El primero es el aprendizaje autosupervisado, que es similar al aprendizaje supervisado, pero predice los datos en vez de predecir los objetivos. El otro es el aprendizaje abierto, que combina el aprendizaje por refuerzo y la evolución para crear nuevos objetivos mientras se entrena. Estos son los dos enfoques que yo creo que tienen las mayores posibilidades de crear sistemas de IA más generales en el corto o mediano plazo. Sin embargo, estos enfoques son muy distintos, y también los son los tipos de sistemas de IA que traen al mundo.

CAPÍTULO 7

Autoaprendizaje supervisado de los modelos fundacionales

El aprendizaje supervisado, en donde aprendemos a predecir objetivos o etiquetas a partir de entradas, es altamente eficaz si cuentas con los datos suficientes en el formato correcto. Para muchas tareas, no los tenemos. Por ejemplo, el aprendizaje supervisado funciona bien para aprender a identificar rostros humanos en videos, debido a que es fácil generar una gran cantidad de datos de entrenamiento etiquetando las posiciones de los rostros en videos que ya existen. Hay montones de tareas en el mundo para las cuales sí tenemos estos conjuntos de datos, pero hay inimaginablemente muchas más para las que no. Sin embargo, para una multitud de tareas existen datos *no etiquetados*. Por ejemplo, ningún conjunto de datos etiquetados te deja usar el aprendizaje supervisado para entrenar a una red neuronal que genere imágenes nuevas y nunca antes vistas (por definición, las imágenes no pueden ser etiquetadas si todavía no existen). Sin embargo, internet está lleno de imágenes. ¿Existe alguna manera en la que podamos entrenar a una red neuronal con una pila gigante de imágenes sin etiquetar y ordenarle que, de algún modo, haga una generalización para que así pueda crear nuevas imágenes?

Los investigadores han trabajado por décadas, usando una gran variedad de técnicas, para descubrir cómo crear automáticamente imágenes. Algunos métodos produjeron resultados estéticamente interesantes, pero requirieron una gran cantidad de esfuerzo ingenieril para llegar a un estilo artístico particular y no eran flexibles. Los primeros intentos de entrenar generadores de imágenes a partir de conjuntos de datos, por lo general, utilizaban autocodificadores: un tipo de red neuronal que se puede concebir con la forma de un reloj de arena.[1] Un autocodificador tiene una capa de entrada amplia, en donde la entrada puede representar la imagen completa, y una capa de salida igualmente amplia, con niveles más pequeños entre medio. Al entrenar al autocodificador, sencillamente tienes que pedirle que prediga su propia entrada. En otras palabras, tú ingresas imágenes y lo recompensas por producir exactamente las mismas imágenes como salidas. En términos de aprendizaje supervisado, se usa la entrada como una etiqueta (por eso se llama *autosupervisado*). Ahora, esto sería trivial si todas las capas de la red fuesen del mismo tamaño. Sin embargo, dado que el autocodificador tiene forma de reloj de arena, donde la información debe fluir a través del cuello de botella que se produce en la capa intermedia, la red debe aprender a comprimir la entrada enfocándose en la información más importante. Puedes imaginarlo como estar empujando la imagen a través de un tubo que es demasiado pequeño, por lo que solo las partes más importantes de la imagen logran pasar a presión a través de ese cuello de botella. Si entrenas a un autocodificador con solo algunas decenas de miles de imágenes, va a aprender características que son comunes a todas ellas. Luego, puedes ingresar cualquier cosa en la capa cuello de botella del autocodificador y obtener una buena imagen como salida. Al menos en teoría. En la práctica, los resultados de estos primeros experimentos con el autocodificador no fueron tan impresionantes.

En el 2014, un nuevo método autosupervisado hizo su entrada y revolucionó la generación de imágenes: la red adversarial generativa, o GAN por sus siglas en inglés.[2] Una GAN consiste en dos redes neuronales separadas: el *generador* y el *discriminador*. El generador y el discriminador participan en una especie de competencia: el discriminador está tratando de aprender a distinguir las imágenes reales de las falsas hechas por el generador, y el generador está tratando de aprender a engañar al discriminador. Para entrenar una GAN, necesitas un gran número de imágenes (usualmente al menos unos cuantos miles, pero, por lo general, se usan algunos millones). Inicialmente, el generador crea imágenes aleatorias y el discriminador hace juicios aleatorios, pero a medida que se generan y se juzgan muchas imágenes muchas veces, gradualmente ambas redes empiezan a mejorar. En los primeros ciclos de entrenamiento, el generador aprende a producir ruido que solo se parece a una imagen lo suficiente como para engañar al discriminador, pero, después, este último aprende a identificar los débiles intentos de engaño del generador; entonces, el generador mejora sus intentos, pero también mejora el discriminador. Es instructivo ver la evolución de la calidad de las imágenes a medida que la

GAN es entrenada, y que va desde ruido a manchas raras, luego a imágenes difusas y, eventualmente y si todo sale bien, a imágenes de alta calidad.

Al cabo de algunos años de su invención, las GAN fueron capaces de generar imágenes fotorrealistas con alta resolución en una gran variedad de estilos.[3] Las personas empezaron a darse cuenta y se volvió posible usar las imágenes generadas por GAN en lugar de fotos de algunas cosas; en particular, de los rostros humanos. Sin embargo, el método todavía no es del todo confiable. En concreto, es difícil decirle a una GAN lo que tiene que crear, o, mejor dicho, no sabe escuchar muy bien.

El siguiente gran avance en el aprendizaje autosupervisado para imágenes ocurrió al poco tiempo después. Los modelos de difusión se volvieron famosos en el 2021 con el sistema Dall-E de OpenAI (aunque se inventaron originalmente en el 2015 y habían sido mejorados por varios investigadores desde ese entonces).[4] Un modelo de difusión, al igual que un autocodificador o una GAN, se entrena con un gran número de imágenes (mientras más, mejor). No obstante, el entrenamiento funciona de forma distinta. En un modelo de difusión, se agrega ruido a cada imagen, paso a paso, hasta que la imagen consiste solo de ruido. Entonces, la red se entrena, paso a paso, en eliminar el ruido. Por lo tanto, se le entrena para que reconstruya una imagen que es 49 por ciento ruido a partir de una que es 50 por ciento ruido, y, luego, una imagen que es 48 por ciento ruido a partir de una que es 49 por ciento ruido, y así suma y sigue hasta llegar a cero. Después de que se le entrena en la reconstrucción de varias imágenes a partir de ruido parcial, la red es capaz de construir imágenes completamente nuevas a partir de solo ruido; ha aprendido el patrón general de las imágenes que se le han mostrado, y puede usar este conocimiento para crear imágenes completamente nuevas en el estilo de las imágenes que se le han mostrado. En comparación con una GAN, el proceso es más lento pero más estable.

Todos estos métodos también se pueden entrenar para que generen imágenes con estilos o motivos especiales. Esto se hace mediante la asociación de imágenes con leyendas durante el entrenamiento, de forma tal que la generación de una nueva imagen se puede guiar escribiendo una nueva leyenda.

Mientras escribo esto, los generadores de imágenes entrenados con aprendizaje autosupervisado han mejorado tanto que ahora se pueden usar para varios propósitos prácticos. Yo mismo los uso para ilustrar las diapositivas de mis presentaciones, y conozco personas que obtienen de ellos ilustraciones genéricas para marketing, materiales educativos y otros propósitos. También ha habido casos de alto perfil de imágenes falsas verosímiles de personas reconocibles, tales como una imagen muy popular del Papa Francisco vistiendo un elegante abrigo de la marca de moda Balenciaga. La calidad de las imágenes generadas está mejorando de forma constante, y hemos visto recientemente algunos primeros videos generados con una calidad decente. Hay varias buenas redes de generación de imágenes, tales como Midjourney, creada por una pequeña compañía con alrededor de una docena de empleados, o Stable Difussion, que es de código abierto.[5] Regularmente se lanzan nuevas versiones de estos modelos.

Aunque las imágenes son medios importantes, y las consecuencias de la generación automatizada de imágenes de alta calidad pueden ser tremendas, es en el dominio de los textos donde la IA generativa basada en el aprendizaje autosupervisado ha llevado a avances particularmente impresionantes. Tanto se ha avanzado que algunos han empezado a hablar del aprendizaje autosupervisado a partir de textos de internet como una ruta hacia la IAG.[6]

El aprendizaje autosupervisado a partir de texto es de larga data. Claude Shannon, inventor de la teoría de la información y una figura clave en el desarrollo de los primeros computadores, fue probablemente el primero en proponer una forma de aprendizaje autosupervisado.[7] Para comprender lo que hizo, primero consideremos lo que pasaría si tratamos de "escribir" un texto en inglés seleccionando letras entre la *A* y la *Z* de forma aleatoria, en donde cada letra tiene la misma probabilidad:

> XFOML RXKHRJFFJUJ ZLPWCFWKCYJ
> FFJEYVKCQSGHYD QPAAMKBZAACIBZL HJQD

En 1948, Shannon midió la frecuencia de las letras en el idioma inglés (bueno, realmente en algunos pocos libros) y produjo una tabla indicando qué tan comunes eran varias letras. La letra más frecuente es la *E* y la menos frecuente es la *Z*. Una vez que tienes tal tabla, puedes "crear muestras" a partir de ella: puedes seleccionar letras de forma aleatoria, proporcional a la frecuencia de cada letra. Haciendo esto se obtienen secuencias de letras que son de alguna forma similares al inglés, aunque no son realmente palabras. Al menos, el texto que resulta ya no parece klingon:

OCRO HLI RGWR NMIELWIS EU LL NBNESEBYA
TH EEI ALHENHTTPA OOBTTVA NAH BRL

Sin embargo, podemos lograr mejores resultados. En particular, podemos hacer una tabla no solo de la frecuencia con la que aparecen las letras solas, sino también de la frecuencia con que aparecen dependiendo de las letras que vienen justo antes. Por ejemplo, es poco probable que la "*k* "venga después de una "*t*", pero usualmente viene después de una "*c*". Esto se llama probabilidad *condicional*, donde la letra anterior es la condición. Creando muestras a partir de una tabla de probabilidades condicionales basada en el idioma inglés, en donde la probabilidad de cada letra depende de la letra anterior, logramos las siguientes cadenas:

ON IE ANTSOUTINYS ARE T INCTORE ST BE
S DEAMY ACHIN D ILONASIVE TUCOOWE AT
TEASONARE FUSO TIZIN ANDY TOBE SEACE
CTISBE

En este momento, probablemente es claro cómo podemos mejorar esto: haciendo que la probabilidad de cada letra esté condicionada no solo a la letra anterior, sino a las dos letras anteriores. ¿O por qué no a las tres letras previas? Shannon llamó a este tipo de estructura un *n-grama*, en donde 0-grama es una tabla con las probabilidades de las letras incondicionadas, 1-grama es una tabla de probabilidades condicionales de la letra más reciente, 2-grama significa que la probabilidad depende de las dos letras más recientes, etc. Aquí hay algunos textos producidos por un 3-grama entrenado en textos en inglés:

IN NO IST LAT WHEY CRATICT FROURE BIRS
GROCID PONDENOME OF DEMONSTURES OF
THE REPTAGIN IS REGOACTIONA OF CRE

Como se puede ver, la salida va mejorando. El 3-grama incluye algunas palabras reales en inglés, y algunas secuencias de letras que no sorprenderían a nadie si fuesen usadas como palabras en algún contexto obscuro. Si yo fuese al doctor, y el doctor me dijese que tengo un grocid pondenome, ciertamente me preocuparía.

También se pueden utilizar los n-gramas a nivel de palabras. Aquí hay algunas palabras producidas de acuerdo con las probabilidades de la lengua inglesa:

> REPRESENTING AND SPEEDILY IS AN GOOD APT
> OR COME CAN DIFFERENT NATURAL HERE HE
> THE A IN CAME THE TO OF TO EXPERT GRAY
> COME TO FURNISHES THE LINE MESSAGE HAD
> BE THESE

Y aquí cada palabra se construye sobre la base de la probabilidad condicionada a la palabra anterior:

> THE HEAD AND IN FRONTAL ATTACK ON AN
> ENGLISH WRITER THAT THE CHARACTER OF
> THIS POINT IS THEREFORE ANOTHER METHOD
> FOR THE LETTERS THAT THE TIME OF WHO
> EVER TOLD THE PROBLEM FOR AN UNEXPECTED

A pesar de su simplicidad, los n-gramas pueden ser impresionantemente poderosos. Lamentablemente, se ven limitados por la cantidad de datos que necesitan. Se requiere más texto para calcular las tablas de probabilidad condicionada a medida que *n* aumenta. Las tablas mismas también pueden crecer mucho. Esto se da porque mientras de más letras se dependa, más rara es esa combinación de letras. De hecho, la cantidad de texto que necesitas para calcular los n-gramas crece exponencialmente con *n*, lo que significa que este método solo funciona con *n* pequeños. De todas formas, los n-gramas pequeños pueden ser muy útiles. Si tuviste un teléfono móvil en los años noventa o a principios de los 2000 y recuerdas el sistema que te ayudaba a escribir mensajes de textos usando solo tu teclado numérico, eso era un n-grama.

En su lugar, ¿no podríamos usar una red neuronal, darle las *n* letras anteriores, y entrenarla para que prediga la siguiente letra? En principio, esto nos debería permitir aprender más patrones generales. Las redes neuronales son generalmente muy buenas interpolando entre puntos en el entrenamiento con datos. En este contexto, podríamos esperar que la red pueda hacer una conjetura razonable respecto a la letra que viene después, aun si nunca se ha encontrado antes con la combinación exacta de las letras anteriores.

A medida que la popularidad de las redes neuronales aumentó nuevamente en los ochenta, se exploraron varios enfoques de redes neuronales para generar texto.[8] Los primeros intentos involucran simplemente alimentar *n* letras anteriores (o palabras) en la red y predecir la siguiente letra (o palabra), así como lo haríamos con un n-grama, pero en este caso estamos entrenando una red en vez de actualizando las celdas en una tabla. Sin embargo, este enfoque tiene la limitante de que el número de letras anteriores del que dependemos es fijo y no puede ser muy largo o de lo contrario vas a tener que entrenar una red gigante. En efecto, estas redes simples tienen una memoria extremadamente limitada, y para el final de una oración, pueden fácilmente olvidar de qué se trataba el comienzo.

Para superar esta limitación se inventaron las redes neuronales recurrentes.[9] Estas son construidas y entrenadas para ser usadas no solo una sino muchas veces en secuencia. Cada vez que se usa una red neuronal recurrente, esta utiliza como entrada su propio estado interno del paso anterior. De esta forma, puede retener memoria de lo que hizo en el pasado. Para usar una red neuronal recurrente para producir un texto usualmente se procede primero con un pequeño trozo de texto como entrada (la solicitud, instrucción o "prompt") y luego utilizando la red para predecir la siguiente letra (o palabra) y añadirla al prompt. Después, se utiliza para producir la siguiente letra o palabra, según el estado actual de la red (que se basa en todo el texto que ha visto hasta el momento) *y* la más reciente letra o palabra producida. En otras palabras, la red está usando el texto de salida como parte de su entrada. Estas redes se llaman recurrentes porque la salida *recurre*.

Aunque los elementos básicos de las redes recurrentes se establecieron a principios de los años noventa, no fue sino hasta la llegada de la World Wide Web, que puso una cantidad sin precedentes de texto disponibles de forma gratuita, que realmente empezaron a funcionar. También necesitó de algunas innovaciones técnicas; en particular, la red de memoria larga a corto plazo (LSTM por sus siglas en inglés), que fue introducida en 1999, usa un número de ingeniosas ideas para ayudar a estas redes a que formen memorias de largo plazo.[10] Por supuesto, también necesitábamos mejores equipos para entrenar estas complicadas redes neuronales con grandes cantidades de datos sin tener que esperar años para que terminasen los ciclos de entrenamiento. En particular, encontrar una forma en que las GPU (tarjetas gráficas) pudieran entrenar fue clave en el éxito de las redes neuronales recurrentes.

¿Qué tan bien funcionan las redes neuronales recurrentes? Muy bien, siempre que el texto no sea muy largo. Las redes LSTM en particular son usadas en muchos lugares para generar, completar, revisar la gramática y la ortografía, y clasificar textos. Los servicios de correos electrónicos populares, incluidos algunos que casi de seguro has usado, dependen de las redes LSTM para ayudarte a componer tus mensajes. Una red LSTM entrenada con una gran cantidad de texto usualmente es capaz de generar un párrafo, o algo así, de texto coherente en respuesta a un prompt. Por ejemplo, acabo de ingresar el siguiente prompt a una red LSTM extensa preentrenada: "The book Artificial General Intelligence, written by Julian Togelius" (el libro Artificial General Intelligente, escrito por Julian Togelius). Acá está el párrafo completo que la red produjo de vuelta:

> The book *Artificial General Intelligence*, written by Julian Togelius, was published in 1985 and was published by Science, the United States, and at the Harvard Business School. The book is full of illustrations and insights to the topic of artificial general intelligence.
>
> (El libro *Inteligencia Artificial General*, escrito por Julian Togelius, fue publicado en 1985 y fue publicado por Science, los Estados Unidos y en Harvard Business School. El libro está lleno de ilustraciones y reflexiones en torno al tópico de la inteligencia artificial general).

Más allá de los errores fácticos (no publiqué ningún libro cuando tenía 6 años; de hecho, apenas podía leer libros en sueco, y claramente no podía leer ningún idioma extranjero como el inglés), el texto es en general coherente y verosímil. Nos encontramos con al menos una rareza gramatical (no se debería usar "*at*"), pero uno podría pensar que fue un error de tipeo si lo hubiese escrito un ser humano. Uno en general tampoco se refiere a una publicación ("*Science*") por país ("*the United States*"). Nótese que las palabras finales del párrafo ("*artificial general intelligence*") recurren desde el prompt, lo que demuestra que el sistema tiene algo de memoria. Sin embargo, ¿de dónde salen las extrañas referencias específicas a 1985 y a Harvard Business School? La respuesta es que solo se trata de posibles continuaciones del texto que la red ha visto hasta ese momento. La red no está consultando una base de datos de hechos reales sobre el mundo. Solo está haciendo lo mismo que los n-gramas de Shannon: produce la letra siguiente más probable. Solo que lo hace mediante una estructura mucho más grande y compleja. En este caso, la red LSTM entrenada cuenta con muchos millones de parámetros. Y cuando lo piensas, 1985 no es un año poco probable para que se publique un libro sobre IA (es más probable que cualquier año previo a 1960), y Harvard Business School es el tipo de lugar en el cual la gente habla sobre IA.

El siguiente avance en el aprendizaje autosupervisado con texto se puede rastrear hasta un artículo de 2017 que tiene un curioso título: "Attention Is All You Need" (atención es todo lo que necesitas).[11] En este artículo se introdujo el transformador, un tipo de red neuronal basada en la autoatención. La "atención" acá se refiere a una capa de red neuronal que utiliza sus entradas para seleccionar en cuáles salidas de las capas previas enfocarse. En la práctica esto significa que el transformador puede aprender con mayor facilidad a considerar las piezas específicas de los textos más largos al momento de generar su salida. También es más fácil escalar los transformadores al tamaño de redes muy grandes. Aun cuando la arquitectura del transformador es novedosa, sigue siendo una red neuronal, y todavía está solo tratando de producir el siguiente "token" o ítem más probable.

Desde que se inventó la arquitectura del transformador, varios equipos a lo largo del mundo han competido en el diseño y el entrenamiento de redes cada vez más grandes a partir de más y más datos extraídos de internet. Debido a que son tan grandes, a los predictores de textos basados en transformadores generalmente se les llama modelos de lenguaje de gran tamaño, o LLM (del inglés *large language model*). Por un tema de eficiencia, los LLM usualmente predicen los "tokens", donde un token puede ser una letra, una palabra breve o una parte de palabra larga.

En el 2019, la compañía de investigación en IA OpenAI reveló el Generative Pre-trained Transformer 2, o GPT-2 de forma abreviada, una red de 1.500 millones de parámetros entrenada con 40 gigas de texto.[12] GPT-2 causó revuelo en los círculos de IA por ser capaz de generar textos de alta calidad en una variedad de estilos, lo que incluye artículos de periódico, informes científicos y canciones de cuna. La salida del GPT-2 es generalmente coherente con cerca de una página de texto, lo que refleja el largo de su contexto de 1.024 tokens. En una movida que fue en extremo positiva para la investigación en IA, OpenAI lanzó el GPT-2 entrenado de forma gratuita para que cualquier persona lo pudiera usar y modificar, lo que llevó a una explosión de actividad en la modificación y el ajuste fino del modelo.

Aquí hace sentido explicar el término "modelos fundacionales" que se utiliza en el título del capítulo. Aunque el término no es el predilecto de todos, un modelo fundacional es un modelo de aprendizaje automático de gran tamaño entrenado por un tiempo extenso con muchos datos, que se puede utilizar para distintas tareas. Por lo general, esto incluye tareas para las cuales el modelo no fue entrenado originalmente. Por ejemplo, el modelo Stable Difussion fue entrenado para generar imágenes a partir de representaciones vectoriales de texto, pero la misma red entrenada se puede utilizar para "completar" las partes que faltan de imágenes existentes, restaurar imágenes, expandir o reducir imágenes y hasta traducir entre estilos visuales. De igual forma, algunos modelos de lenguaje de gran tamaño, como GPT-2, pueden ser entrenados exclusivamente para generar texto como continuaciones de prompts, pero también pueden ser usados para una gran variedad de tareas, lo que incluye comprimir texto, traducir entre idiomas y juzgar la similitud de extractos de texto (luego hablaremos más sobre las capacidades sorprendentemente variadas de los LLM).

Los modelos fundacionales también se pueden ajustar finamente. Otra forma de referirse a un modelo entrenado es *preentrenado*, lo que significa que ha sido entenado en muchas cosas, pero no en los datos específicos con los que quizás quieras entrenarlo. Sin embargo, el preentrenamiento ha permitido que la red neuronal aprenda varias representaciones útiles, para que así pueda usar mejor los nuevos datos. En uno de nuestros proyectos recientes, tomamos un LLM que había sido preentrenado con grandes cantidades de texto de internet, aunque no en niveles de juego, presumiblemente. Entonces lo ajustamos finamente con un conjunto de niveles del videojuego de puzles *Sokoban*, convertido a una forma textual. La red ajustada puede ahora generar nuevos niveles de *Sokoban*, algo que no podía hacer antes. Las redes que fueron preentrenadas aprendieron más rápido y mejor que las redes que no lo fueron. Aparentemente, el entrenamiento con texto le enseñó a la red representaciones útiles que le permitieron aprender a generar niveles de juego, aun cuando los niveles no se parecen a los posteos en blog, a los artículos de periódico, a los libros o a lo que sea que fuese aquello con lo que se entrenó al LLM originalmente. Este fenómeno, en el que el preentrenamiento ayuda a una red neuronal a aprender cuándo hacer ajuste fino a los otros datos, es muy general y parte de la razón de por qué los modelos fundacionales son tan útiles.

Aunque GPT-2 atrajo mucha atención entre los investigadores en IA, especialmente aquellos interesados en la comprensión del lenguaje natural, fue necesario que se produjeran algunos avances más para que la gente externa a la profesión comenzara a notar que algo especial estaba pasando. En el 2020, OpenAI lanzó GPT-3, una red neuronal gigante con la misma estructura que GPT-2 pero cerca de 100 veces más grande.[13] GPT-3 es capaz de generar mejores textos que se mantienen coherentes por más tiempo y parece que también sabe mucho más sobre el mundo, lo que no sorprendente dado que GPT-3 es mucho más grande y se entrenó con muchos más datos. Con prompts inteligentes, puedes hacer que un GPT-3 escriba ensayos bastante buenos, en una gran variedad de temas y de varias páginas; poemas con distinta calidad, y hasta descripciones tipo diccionario que en general son correctas en su mayor parte. Sin embargo, todo depende de la redacción del prompt. Con el prompt "La invasión de Suecia de 1998", GPT-3 entregó lo siguiente:

> La invasión de 1998 de Suecia por parte de fuerzas de la OTAN fue una operación militar que tomó lugar el 17 de octubre de 1998. La invasión fue una respuesta a la solicitud de Suecia de ayuda luego de un ataque terrorista contra el Parlamento sueco. Las fuerzas de la OTAN, lideradas por los Estados Unidos, invadieron Suecia y rápidamente aseguraron el país. La invasión fue en su mayoría exitosa, y Suecia fue capaz de restaurar el orden rápidamente. No obstante, la invasión fue criticada por algunos suecos, quienes la vieron como una violación de la soberanía de su país.

Esto parece verdad en todo sentido, excepto porque no lo es. Es solamente algo probable, lo que significa que es probablemente la continuación del prompt (aunque si hubiera ocurrido, no me habría dado cuenta; era sábado, tenía 19 años, y probablemente también resaca).

Durante los próximos dos años, GPT-3 siguió mejorando en varias formas a medida que se le entrenaba con más datos; en particular, se volvió mejor para programar. Prompts tales como: "Este es un método Java que toma una cadena de caracteres como entrada y retorna el número de consonantes que contiene", probablemente van a dar como resultado código útil. Pero fue cuando ChatGPT, un descendiente de GPT-3, se lanzó en diciembre de 2022 que el mundo se dispuso a prestar atención. ChatGPT no muestra un gran avance en términos del texto que puede generar, pero si es más fácil entregarle prompts, porque solo le tienes que decir qué hacer. El prompt "escribe un poema métrico en inglés sobre ruibarbos sensibles" da como resultado precisamente eso. Hasta inserta un retruécano que no es del todo malo:

> There once was a rhubarb so bright // It gained consciousness overnight // It could talk and it walked // And it loved to be stalked // This sentient veggie was quite a sight!

Una de las principales innovaciones incorporadas en Chat-GPT es el ajuste de instrucciones. Esta técnica, inventada por un equipo de Google, es bastante sencilla.[14] Es posible ajustar las instrucciones de un LLM entrenándolo adicionalmente con varios miles de textos que adoptan la forma de instrucciones y respuestas. Estas instrucciones vienen en muchos formatos; algunas son preguntas y muchas son órdenes, como, por ejemplo:

> Por favor contesta las siguientes preguntas: ¿cuál es el punto en el que el acero se derrite?
>
> El tungsteno se derrite a 3422 C. Este es uno de los puntos de fusión más alto de un metal.

Al ajustar finamente conjuntos grandes y diversos de instrucciones y sus respuestas, un LLM aprende el patrón general de seguimiento de instrucciones. Aunque parecería que un poco más de ajuste fino no sumaría tanto a las capacidades de un LLM ya entrenado, en la práctica ocurre que ajustar las instrucciones hace que sea mucho más fácil interactuar con él. Permite una forma más natural y conversacional de controlar a estas bestias hábiles pero misteriosas.

La otra innovación principal (otra vez inventada en otra parte) incorporada a ChatGPT es el aprendizaje por refuerzo a partir de la retroalimentación humana (RLHF por sus siglas en inglés).[15] La retroalimentación en RLHF consiste en humanos que seleccionan la mejor forma, de entre muchas, para completar el mismo prompt. Un modelo separado se entrena para replicar las preferencias de los seres humanos, y luego se utiliza ese modelo para ajustar de forma iterativa el LLM utilizando aprendizaje reforzado. Resulta que la RLHF también es bastante útil para "domar" un modelo de lenguaje. ChatGPT es muy bueno para no explicar cómo mezclar explosivos, acosar personas o cometer suicidio, en gran parte debido al procedimiento del RLHF, donde las respuestas más amables y adheridas a las leyes han sido reforzadas.

El lanzamiento de ChatGPT en diciembre del 2022 despertó un gran interés del público en la tecnología de LLM, gracias a que era tan fácil utilizarlo para cualquiera que contara con una conexión a internet y para hacer cosas interesantes a través de la interfaz de chat. Estudiantes de todas partes del mundo experimentaron usando ChatGPT para hacer sus tareas; los desarrolladores de software para que escribiera código; los profesores le pedían crear preguntas para sus exámenes, y otras personas le pedían hacer listas de compra, letras de canciones y recetas.

Casi todos los que han utilizado el sistema también han tratado de hacerle preguntas fácticas directas, casi siempre con resultados dispares. ChatGPT todavía sigue siendo propenso a alucinaciones, como otros LLM, y no tiene problemas para inventar hechos. Aunque raramente se equivoca con datos obvios (la capital de Francia sigue siendo París), hoy me dijo que dos estimados investigadores en IA que conozco personalmente estaban casados entre ellos. Pero no es así.

En marzo del 2023, OpenAI lanzó GPT-4, un modelo más grande y con mayor capacidad en las mismas líneas que las versiones anteriores de GPT e incorporando avances de Chat-GPT.[16] Aunque OpenAI no nos va a decir qué tan grande exactamente es GPT-4, ni con qué fue entrenada, parece claro que fue entrenada con un grupo de datos más grande. En general, se puede entender como una versión más capaz de ChatGPT. Un gran avance es que tiene un mayor largo contextual, por lo que puede entender y generar textos más extensos.

Los LLM no son agentes. No hacen nada con voluntad propia. Solo se quedan ahí, esperando que le des un prompt y produciendo algún texto como respuesta. Sin embargo, es posible construir agentes con los LLM. En un computador, todo es en esencia una cadena de caracteres, que es exactamente lo que el LLM toma como entrada y luego produce una salida. La comunicación entre los distintos programas ocurre mediante el intercambio de textos. Puedes fácilmente construir un programa que alimenta a otro con la salida de un LLM y, luego, alimentar de vuelta al LLM, con esa misma salida, junto con otro prompt. Puedes darle prompts al LLM para que escriba código que haga algo, luego correr el código con un intérprete de programas, y devolver los resultados al LLM. Puedes simplemente pedirle al LLM que razone sobre algo, y alimentarlo de vuelta con los resultados de ese razonamiento. Varios experimentos similares a estos se están realizando ahora mientras escribo. Un equipo en Google ha desarrollado SayCan, un sistema de control robotizado que alimenta al LLM con descripciones del mundo que lo rodea, le pide que razone sobre eso, y analiza sintácticamente la salida para controlar al robot.[17] Un proyecto de código abierto llamado AutoGPT te pide que le des un objetivo de alto nivel, y luego le pide a GPT-4 que descomponga ese objetivo en subobjetivos.[18] Auto-GPT mantiene una lista de subobjetivos, los proporciona uno a uno a GPT-4 y le pide que los cumpla usando búsquedas en internet, ejecución de código y otras herramientas.

Los LLM también pueden combinarse fácilmente con generadores de imágenes, la otra gran clase de modelos fundacionales de la que hablamos al comienzo del capítulo. GPT-4 y otros LLM específicos pueden tanto analizar como crear imágenes. Puedes alimentar una imagen en el LLM y pedirle que la analice, y luego pedirle que genere nuevas imágenes en el mismo estilo o que haga ediciones a la imagen original.

Así como OpenAI ha diseñado y entrenado a los LLM más famosos, otros modelos de capacidad similar han sido entrenados por compañías tales como Google, Mistral y Meta, y son completamente gratuitos. Esto ha llevado a un auge de las actividades de código abierto en las que las compañías, los investigadores académicos y hasta los aficionados individuales han ajustado finamente varios modelos, han construido aplicaciones sobre la base de estos y los han dejado disponibles en la red para el uso de todos. Mantenerse a la par con el vertiginoso ritmo de los avances en este espacio es difícil, pero podemos suponer de forma segura que, sin importar los límites de las capacidades de los LLM en la actualidad, pronto estarán disponibles como modelos de código abierto.

La gran versatilidad de los LLM modernos es impresionante, y es muy probable que sean omnipresentes en el futuro. La habilidad para combinar LLM con otros softwares les permite hacer cosas que de lo contrario no podrían, tales como buscar en la red, ejecutar un código cualquiera o hasta simplemente hacer operaciones aritméticas. Aun así, los LLM tienen algunas limitaciones evidentes. Quizás la más grande es la aparente incapacidad de decir la verdad de manera coherente. En este contexto, vale la pena recordar que los LLM nunca fueron entrenados para ser fácticos; solo fueron entrenados para predecir tokens de texto, al igual que un n-grama. Actualmente, no sabemos si es que podemos hacer a los LLM sinceros de forma consistente. Otros problemas incluyen la tendencia de los LLM a replicar los prejuicios inherentes en los textos con los que fueron entrenados, lo que incluye prejuicios de género y raza (más adelante hablaremos más de esto). Los LLM también son malos para algunas tareas computacionales sencillas que fácilmente puede hacer otros softwares, tales como planificar, encontrar caminos y hasta multiplicar de forma normal. Todo esto se ve agravado por nuestra falta de comprensión real sobre cómo funcionan los LLM y otros modelos fundacionales. Nosotros entendemos las arquitecturas de las redes neuronales porque las hemos diseñado, y también comprendemos el procedimiento de entrenamiento, pero no entendemos las representaciones internas que han sido aprendidas.

Una forma de ilustrar las capacidades disparejas de los LLM modernos es pedirles que jueguen ajedrez. Resulta que GPT-4 sabe harto sobre ajedrez y muchas veces sugerirá movidas muy inteligentes, dignas de jugadores expertos. Sin embargo, también puede sugerir con frecuencia movidas ilegales, como si ni siquiera entendiera las reglas básicas del juego. Para complicar aún más las cosas, la habilidad de GPT-4 para el ajedrez varía mucho dependiendo de cómo, exactamente, le redactas los prompts. Parece posible hacer que GPT-4 juegue ajedrez a un nivel razonablemente alto (aunque no tanto como Deep Blue, sin mencionar a otros motores de ajedrez modernos), pero requiere a un operador humano capacitado que le entregue prompts en la forma correcta. Esto nos lleva al tema de determinar cuánto de la habilidad depende de GPT-4 y cuánto depende del prompt correcto. Darle prompts correctos a los LLM es un arte profundo y arcano. Es fascinante que mencionar a un jugador de ajedrez famoso, como Magnus Carlsen, parece dar mejores resultados. Si quieres un bot que juegue un buen juego de ajedrez, vas a tener mucha mejor suerte con un motor específicamente diseñado para jugar ajedrez que con un LLM.

Cuando lo piensas, es impresionante cuántas cosas pueden hacer los LLM sin que se les entrene explícitamente para que lo hagan. Recuerda, solo fueron entrenados para predecir el siguiente token. Una forma de pensar sobre lo que los LLM hacen es que participan en un juego de rol. Los LLM tratan de completar el texto que has escrito en el estilo del texto que acabas de escribir. Imagina que estuvieses haciendo lo mismo. Por ejemplo, alguien te da las primeras dos oraciones de un discurso imaginario de Winston Churchill y te dice que lo termines de la mejor forma que puedas. Probablemente usarías nombres y eventos reales cuando pudieras y, si no, inventarías algunos que sonaran verosímiles. Las aplicaciones que se construyen sobre los LLM (como el modo de chat del motor de búsqueda Bing de Microsoft) generalmente cuentan con prompts complejos que le dicen al LLM el rol que debe jugar.

Otra forma de concebir los LLM es que aprenden algoritmos para predecir el mundo. Hemos sabido por mucho tiempo que una red neuronal recurrente podría en principio aprender cualquier algoritmo. Hasta hace poco, esto no se pensaba más que como una posibilidad teórica, dado que aprender algoritmos no triviales con redes neuronales parecía demasiado complejo computacionalmente para ser práctico. Sin embargo, para predecir una gran cantidad de textos diversos, quizás lo más fácil para la red es aprender algoritmos generales.

¿Llevarán los LLM y otros modelos fundacionales a la IAG eventualmente? Quien sabe. Algunos investigadores defienden que GPT-4 ya muestra "chispazos de IAG", dado el amplio rango de cosas que puede hacer.[19] Otros dicen que los problemas relacionados con la verdad no se van a superar, y que no va a ser posible construir agentes basados en un LLM que sean lo suficientemente confiables para ser usados de forma amplia.

También hay una sospecha latente de que los LLM, que después de todo solo son entrenados para reproducir texto que ya está escrito, se ven limitados en cuanto a la cantidad de conocimiento que pueden producir. Después de interactuar un rato con los LLM, empiezas a reconocer lo genérico de sus respuestas. Aun cuando un LLM produzca lo que podemos considerar como nuevo conocimiento, por ejemplo, aplicando una metodología existente sobre un nuevo conjunto de datos, uno podría argumentar que esto no es más que hacer coincidir patrones. Los investigadores han aprendido que los LLM son mucho mejores resolviendo versiones de problemas que ya se pueden encontrar en internet. Por ejemplo, un LLM rinde mucho mejor resolviendo cifrados comunes que cifrados de igual complejidad pero nuevos.[20] Por lo que chatear con un LLM avanzado como GPT-4 a veces se siente como una conversación inteligente, mientras que otras parece que estás interactuando con una interfaz ingeniosa de una base de datos de baja calidad y aproximada obtenida en rincones arbitrarios de internet. ¿Podemos construir una IAG de alguna otra forma, sin enfocarnos en replicar lo que los humanos ya han hecho? Tal vez. En el siguiente capítulo, exploraremos los intentos de lograr un aprendizaje abierto en agentes artificiales.

CAPÍTULO 8

Aprendizaje abierto en mundos virtuales

Nosotros, los humanos, probablemente somos las inteligencias más generales sobre el planeta (aunque, por supuesto, esto depende de las definiciones exactas de *general* y de *inteligencia*). Sería lógico pensar que deberíamos ser capaces de crear otras inteligencias generales usando el mismo algoritmo que nos creó a nosotros. Ese algoritmo es, casi con certeza, la evolución darwiniana; primero, a un nivel puramente genético y, luego, a nivel cultural o memético.[1]

Como se describió antes, la computación evolutiva es un intento por usar la selección natural darwiniana como un método para hallar soluciones o para generar programas,[2] y los algoritmos evolutivos, efectivamente, funcionan para muchos problemas bien definidos. Para problemas que no están bien especificados, como crear inteligencia general artificial, es difícil idear una buena función de adaptación. Un problema estrechamente relacionado acecha al aprendizaje por refuerzo, que es el otro enfoque de aprendizaje basado en llevar a cabo acciones en el mundo: es muy difícil diseñar una buena función de recompensa, más allá de aprender a desempeñar tareas individuales. ¿Cómo premias a la inteligencia general si ni siquiera puedes definirla?

En el caso de la evolución natural, fueron necesarios miles de millones de años para llegar al *Homo sapiens sapiens* (tú y yo), a través del lento proceso que permite prevalecer a cualquier gen que pueda crear organismos que sobrevivan y se reproduzcan. El entorno en el que evolucionamos era extremadamente complejo y estaba en constante cambio; la evolución siguió cualquier camino excepto el directo. Nuestra anatomía presenta gran cantidad de evidencia de órganos y partes del cuerpo que evolucionaron con un fin, pero que fueron persuadidos para llegar a otro. ¿Sabías que es probable que las plumas evolucionaran originalmente para aislar el calor y no para volar? Una vez que algunas especies de reptiles estuvieron cubiertas de plumas, descubrieron que su plumaje les permitía planear. Aquellos reptiles que podían planear mejor cuando batían sus antebrazos tuvieron una ventaja evolutiva; pronto (bueno, después de unos pocos millones de años) sus crías fueron las aves.

Aprendizaje abierto es un "término paraguas", es decir, un término que abarca varios enfoques relacionados con entornos y agentes de cocreación, en donde los agentes pueden aprender, o evolucionar, en un largo periodo, con lo que gradualmente desarrollan repertorios de comportamientos más ricos y complejos. En general, esto significa que no nos enfocamos solo en cómo aprende un único agente, sino en cómo múltiples agentes aprenden juntos, o en la generación de problemas y entornos de los que ellos pueden aprender. Este es un acercamiento a la IAG radicalmente diferente en comparación con el aprendizaje a partir de palabras e imágenes creadas por humanos.

Como ocurre con casi todo lo relacionado con la IA, la idea de aprendizaje abierto ha estado presente desde hace mucho tiempo, esperando la potencia de cálculo y la infraestructura de software que permitieran su plena realización. Todavía estamos esperando. Sin embargo, cada vez más avances en el ámbito del aprendizaje abierto sugieren que pronto podríamos ver surgir capacidades interesantes. La mayor parte de los primeros intentos por lograr el aprendizaje abierto ocurrió al interior del poco estructurado campo de investigación de la vida artificial, cuyo objetivo es estudiar "la vida como podría ser", en oposición a la vida como es (el campo de la biología).[3] La vida artificial, generalmente, tiene una visión más amplia que la inteligencia artificial, pues, en su razonamiento, la inteligencia es solo una de las facetas de la vida biológica y no se puede separar del organismo que la exhibe. Por lo tanto, gran parte del trabajo en vida artificial intenta crear seres simulados que exhiben algunos aspectos de la vida, entre los que podría estar la inteligencia.[4]

Entre los primeros antecesores de la evolución abierta en un contexto de vida artificial se encuentran los experimentos de Nils Aall Barricelli, que simulaban la evolución en un computador experimental de Princeton en 1953.[5] Uno de los primeros intentos más sofisticados es el sistema Tierra, una simulación realizada por primera vez en 1990 en la que varios programas habitaban un espacio de memoria compartida y competían por tiempo y espacio de procesador.[6] Eran capaces de usar su tiempo limitado para crear copias de sí mismos y modificar o sobrescribir otros programas. La competencia da lugar a un proceso evolutivo en el que los programas evolucionan para dominar el espacio, a menudo desarrollando trucos sucios en el camino. Por ejemplo, algunos programas evolucionaron para convertirse en parásitos de otros programas, imitando la relación entre parásitos y huéspedes de la naturaleza.

Muchos intentos para producir evolución abierta se basan en algoritmos que tratan de imitar la coevolución cooperativa o competitiva. La coevolución es un concepto que viene de la biología y que significa que dos especies evolucionan de manera interdependiente, porque los organismos de ambas especies interactúan de alguna forma.[7] Existen muchas formas de coevolución. La coevolución de varias especies de insectos y de plantas con flores ofrece buenos ejemplos de coevolución cooperativa, en donde las adaptaciones de miembros de diferentes especies tienen una dependencia mutua positiva. En otras palabras, tienen un arreglo en el que todos ganan. Un patrón común es que las plantas que florecen producen néctar, el que los insectos consumen como nutriente; a la vez, el polen de las flores se adhiere a los insectos y es transportado por ellos a otras plantas de la misma especie. Así, los insectos y las plantas conforman una relación simbiótica: los insectos logran alimentarse y las flores, que su polen se propague. La dinámica coevolutiva entre pares específicos de especies ha llevado al desarrollo de funciones complejas que, de otra forma, probablemente no hubieran evolucionado. Por ejemplo, algunas plantas han desarrollado pigmentos para obtener colores particulares y sus insectos polinizadores han desarrollado ojos capaces de identificar esos colores. Otras plantas atraen a sus insectos con perfumes o, incluso, con flores que se parecen a esos insectos. Gran parte de la belleza de un jardín, en las tardes del comienzo de verano, se debe directamente a la coevolución cooperativa.

Así como en la coevolución cooperativa los individuos de ambas especies ganan en adaptación, la coevolución competitiva describe escenarios coevolutivos en donde el éxito de un individuo implica el fracaso del otro. La dinámica depredador-presa es un ejemplo típico de coevolución competitiva. Los zorros y los conejos tienen, obviamente, una de estas relaciones, en donde estos últimos son el alimento esperado de los primeros.

Gradualmente, los conejos han desarrollado piernas enormes, que les permiten escapar muy rápido; ojos ubicados de tal forma que abarcan el campo visual casi en 360 grados, y estrategias para cambiar de dirección repentina e impredeciblemente, mientras saltan. Los zorros han desarrollado la carrera rápida; una vista precisa y estereoscópica, con estimación de profundidad, aunque a costa de un campo visual angosto; y varias estrategias, como la de emboscar a su presa. Una mayor adaptación para un zorro en particular seguramente ocurriría a expensas de una menor adaptación para un conejo en particular, y viceversa.

A la coevolución se le debe gran parte de la asombrosa variedad y creatividad del mundo natural. ¿Podríamos replicar tales dinámicas con código computacional? No tener que especificar manualmente una función de adaptación parecería ser un gran avance para la búsqueda evolutiva.

En un renombrado experimento llevado a cabo en 1990, Daniel Hillis mostró que la coevolución puede tener utilidad práctica.[8] Hillis usó la evolución artificial para evolucionar redes de ordenamiento: circuitos simples que pueden ordenar números. Para asignar una adaptación a cada red, primero las puso a prueba con varios problemas de ordenamiento. Sin embargo, esto dio origen a redes que se especializaron en el problema particular en el que fueron probadas. Entonces, comenzó a evolucionar los problemas de ordenamiento, así como las redes. Las redes eran, como antes, recompensadas por resolver tantos problemas como pudieran. Los problemas de ordenamiento eran recompensados por engañar (al ser imposibles de resolver) a la mayor cantidad de redes posible. De acuerdo con la formulación de Hillis, los problemas de ordenamiento eran "parásitos" de las redes de ordenamiento —parásitos y huéspedes conforman otro tipo común de coevolución competitiva en la naturaleza. Esto funcionó muy bien y el proceso coevolutivo tuvo como resultado mejores redes de ordenamiento que las que podían encontrar los algoritmos evolutivos estándares y de objetivo fijo.

En la década de los noventa y en los primeros años de la década siguiente, los investigadores intentaron hacer que la coevolución competitiva funcionara en la robótica, ya sea usando robots reales en miniatura o robots simulados. En particular, muchos investigadores trataron de replicar la dinámica depredador-presa, con un robot en el rol de depredador y otro en el de la presa.[9] Un robot perseguiría al otro y este lo evadiría, una y otra vez, mejorando la capacidad de aventajarse entre sí a medida que sus redes neuronales evolucionaban. Algunos de estos experimentos mostraron paralelos interesantes con la evolución que se da en el mundo real. Por ejemplo, en entornos simulados donde también se evolucionaron las posiciones de los "ojos" de los robots (sensores de visión), el robot-depredador evolucionaba ojos dirigidos hacia adelante con capacidad de visión de profundidad —como un zorro— y el robot-presa evolucionaba ojos laterales de modo de no ser emboscado —como un conejo.[10]

Aun así, estos experimentos de coevolución, por lo general, han fracasado en evolucionar estrategias complejas. Un fenómeno en común es la "repetición cíclica", en que las mismas estrategias evolucionan sin parar. Esto funciona más o menos como el juego de "piedra, papel o tijera", en donde el papel vence a la piedra, la piedra vence a la tijera y la tijera vence al papel. De la misma forma, el depredador podría evolucionar una estrategia que es vencida por una nueva estrategia de la presa, la que, a su vez, es vencida por la estrategia previa del depredador.[11]

¿Por qué estos experimentos de coevolución artificial fracasaron en la creación de inteligencia compleja y sobresaliente? Bueno, la coevolución en la naturaleza ocurre en un mundo que es complejo, rico en impresiones sensoriales, con posibilidades casi infinitas para crear nuevas estrategias. Es más que probable que estos experimentos fueran demasiado sencillos. Los robots, simulados o reales, eran muy sencillos: cuerpos muy sencillos, actuadores muy sencillos, sensores muy sencillos. Sobre todo, los entornos eran demasiado sencillos. ¿Cómo podrías aprender inteligencia general en una habitación vacía (simulada), sin nada que hacer excepto cazar a otro robot cilíndrico que siempre se mueve a la misma velocidad?

Entonces, necesitaríamos entornos más complejos. ¿Dónde los podemos conseguir? En los videojuegos, ahí es dónde.[12] Los videojuegos modernos tienen mundos enormes, llenos de cosas interesantes que aprender y hacer. También están diseñados de tal forma que los humanos pueden aprender a jugarlos.[13] De hecho, una de las teorías importantes del diseño de juegos dice que la razón principal por la que encontramos entretenido jugar es que nos volvemos cada vez mejores, y que los juegos exitosos son, en el fondo, experiencias pedagógicas bien diseñadas.[14] La amplia variedad de diseños de videojuegos es testimonio de que los diseñadores están explorando nuevos e interesantes desafíos que puedan plantear al cerebro humano. Algunos de los videojuegos más populares requieren de habilidades que tienen un potencial de mejoramiento extremo; la gente puede jugar *StarCraft* o *Street Fighter* por décadas y aun así seguir mejorando.[15] ¿No podríamos simplemente dejar libres a nuestros algoritmos de aprendizaje en los videojuegos y permitirles aprender habilidades incluso más complejas e inteligencia todavía más general?

IA en videojuegos es lo que hago cada día, todo el día, así que tendré que obligarme a no dedicar el resto del libro a este tema.

Ya hablé de los videojuegos en el capítulo 6, en el contexto del aprendizaje por refuerzo profundo; en particular, me referí al artículo de 2015 que encendió el interés masivo por combinar el aprendizaje por refuerzo con las redes neuronales profundas. Ese artículo describía el entrenamiento de redes con unas pocas decenas de juegos de la consola de juego clásica Atari 2600, del año 1976. Sí, esa vieja caja con la parte delantera de madera que se conectaba a tu televisor, en colores o en blanco y negro. Es un dispositivo extremadamente limitado para cualquier estándar —tu teléfono celular moderno tiene millones de veces más memoria—, pero, en su época, tuvo gran éxito y puede correr muchos juegos decentes. Quizás has jugado versiones de algunos de ellos, como *Pac-Man*, *Space Invaders*, *Donkey Kong* o *Q*bert*. Actualmente, los juegos de Atari se pueden emular muy rápido en las computadoras modernas; por eso son tan útiles para el aprendizaje por refuerzo, pues, generalmente, para aprenderlos, es necesario jugarlos decenas de miles de veces, de principio a fin. En 2015, causaba sensación que las redes neuronales pudieran ser entrenadas para jugar estos juegos a partir de entradas visuales solamente.[16]

Si recuerdas la discusión del capítulo 6, el problema con el entrenamiento de las redes neuronales profundas para jugar es que tienden a "sobreajustarse" o especializarse demasiado. Una red neuronal entrenada con un solo juego de Atari no puede jugar otro juego. De hecho, lo usual es que tampoco pueda jugar niveles superiores del *mismo juego*, si no ha sido previamente entrenada en ellos. Además, al añadir algo de ruido a la entrada visual o al cambiar la escala de resolución, también se arruinaría completamente la red entrenada.[17] La "inteligencia" desplegada por estas redes entrenadas por refuerzo parece ser muy inestable, lo opuesto de general.

En 2018 y en 2019, varios grupos de investigación distintos intentaron analizar más a fondo este fenómeno y trataron de desarrollar formas de entrenar redes profundas para lograr capacidades de juego más robustas.[18] Uno de estos grupos fue mi laboratorio en la Universidad de Nueva York.

Desarrollamos versiones de unos pocos videojuegos 2D sencillos —entre ellos, *Frogger* y *Boulder Dash*, por si los nombres les traen recuerdos a los lectores que gustan de los juegos ochenteros— en donde podíamos cambiar fácilmente los niveles y varios parámetros más.[19] Confirmamos que, al entrenar los algoritmos de aprendizaje por reforzamiento profundo en niveles individuales de estos juegos, efectivamente, aprendían a jugar solo los niveles específicos en los que habían sido entrenados; les dábamos otro nivel del mismo juego y las redes entrenadas realizaban acciones sin sentido, como intentar caminar a través de una pared. Si los entrenabas en múltiples niveles, el desempeño mejoraba, pero solo un poco.

Entonces comenzamos a generar niveles. Creamos un sistema que proveía constantemente nuevos niveles para entrenar al agente.[20] En cada episodio —intento de jugar el juego en cuestión—, el agente de aprendizaje profundo jugaba un nivel completamente nuevo: cada vez aparecían paredes, enemigos, llaves y puertas, en nuevos lugares. El generador también tenía un "botón control" para ajustar la dificultad: al especificar un nivel de dificultad más alto, el generador creaba más enemigos y laberintos más complicados. Una vez que el agente había aprendido a terminar la mayor parte de los niveles de una dificultad en particular, el sistema aumentaba la dificultad, de la misma manera en que un profesor te da tareas más avanzadas a medida que dominas alguna habilidad. En un sentido esto funcionó, al menos los agentes entrenados con una interminable provisión de niveles generados por la máquina eran mucho mejores al jugar niveles que no habían visto antes, en comparación con los agentes entrenados en solo algunos de los niveles creados por humanos. La diversidad genera solidez.

Pero, lo que estos agentes podían hacer tenía límites. Nunca aprendieron a terminar los niveles más difíciles y, por supuesto, nunca aprendieron a jugar otros juegos distintos a aquel en el que habían sido entrenados. ¿Podríamos llevar esta idea más lejos? ¿Podríamos generar un rango de niveles más amplio y variaciones del juego? ¿Quizás juegos totalmente nuevos?

Hace décadas que algunos videojuegos ya incorporan la generación de niveles.[21] Entre ellos, uno clásico es *Rogue*, un complejo juego de exploración de mazmorras en el que los jugadores enfrentan unas mazmorras completamente nuevas cada vez que juegan. *Rogue* fue tan influyente que le dio su nombre a todo un género de juegos, los *juegos roguelike*, cuya característica es la generación de entornos u otros aspectos del juego. *Spelunky*, *Hades* y la serie *Diablo* son ejemplos famosos de juegos *roguelike* más modernos. Más recientemente hemos visto juegos como *No Man's Sky*, un juego de exploración espacial gigante, que presenta trillones (¡un 1 con 18 ceros!) de planetas, todos con geología, flora y fauna únicas.

Los investigadores también han estado explorando cómo generar juegos completamente nuevos, aunque esto es mucho más difícil que generar niveles, misiones u objetos en los juegos que ya existen. Algunos juegos de mesa exitosos han sido generados con IA; entre ellos, el juego *Yavalath*. Este juego no fue creado por el conocido diseñador de juegos e investigador Cameron Browne, sino por Ludi, un sistema de IA que Cameron diseñó.[22] Aun así, *Yavalath* está a la venta en tiendas de juegos de mesa y tiene un éxito moderado —hasta donde sé, Cameron recibe las ganancias del juego; el programa que lo diseñó no recibe nada del dinero. Yo mismo he trabajado en descubrir cómo generar videojuegos automáticamente tratando de usar algoritmos evolutivos. Uno de los sistemas que creé trata de generar juegos que puedan ser aprendidos por otros algoritmos; otro sistema en el que he participado trata de generar juegos que maximizan la diferencia de resultados entre jugadores débiles y jugadores fuertes.[23] Ambos casos intentan capturar la idea de que un buen juego ofrece mucho espacio para diferentes estrategias y te permite aprenderlo. Algo claro es que ninguno de los juegos creados por mis sistemas de IA se ha convertido en un éxito comercial o de crítica. En particular, mi equipo y yo con frecuencia encontramos que nuestros sistemas generan videojuegos que, en términos técnicos, deberían ser "divertidos" —se pueden aprender y cuentan con formas de diferenciar las habilidades—, pero que simplemente no tienen sentido para los jugadores humanos. Quizás el sistema de IA se divirtió con ellos... en el supuesto de que pudiera experienciar algo, lo cual no tenemos motivos para creer.

Entonces, ¿cómo combinar la generación de contenidos, o incluso la generación de juegos, con el aprendizaje por refuerzo para crear aprendizaje abierto? Los investigadores han tratado de varias formas. Quizás la más ambiciosa es el sistema AdA (agente adaptativo) creado por Google DeepMind. AdA genera aleatoriamente juegos simples en un entorno físico simulado, los que son jugados por agentes controlados por una red de transformadores.[24] El agente obtiene una descripción de las reglas del juego y la entrada visual, y "ve" el juego igual que tú en un videojuego de tiros en primera persona. Las reglas del juego son muy simples; por ejemplo, el agente puede obtener recompensas por recolectar objetos púrpuras, a la vez que evita los objetos amarillos. Que sea así de simple se justifica, en parte, por lo extremadamente complejo y, en consecuencia, caro, del proceso de entrenamiento. Aun así, el resultado final fue un agente basado en aprendizaje profundo, que hasta ahora puede que sea más general en sus habilidades que cualquier otro agente de juegos.

Suponiendo que logramos hacer que la generación de juegos funcione mejor y que la combinamos con varios tipos de generación de contenidos, te puedes imaginar cómo se podría usar para hacer que el aprendizaje por refuerzo y la computación evolutiva aprendan mejor. Podríamos mantener una lista de juegos en constante crecimiento y generar continuamente nuevos juegos y variantes que desafiaran a nuestros mejores agentes a medida que van dominando los juegos existentes. Si aumentamos de forma gradual las capacidades de los agentes de aprendizaje desde que juegan unos pocos niveles de videojuegos estilo arcade de los años ochenta hasta que juegan una amplia variedad de videojuegos (desde los juegos de rol a los de estrategia, *shooters* y simuladores de vuelo), sería difícil argumentar que un agente así no ha adquirido algo de inteligencia general. Un sistema que pudiera jugar cualquier juego de la lista de los cien más populares de iOS o de Steam, ¿no sería una forma de IAG?

Es interesante comparar el aprendizaje abierto en entornos tipo juego con el enfoque de modelo de lenguaje de gran tamaño, presentado en el capítulo anterior, y pensar sobre qué *tipo* de inteligencia es aprendida. Los LLM operan en el dominio del texto: toman texto como entrada y producen texto como salida. No realizan acciones en el mundo ni aprenden de él; en cambio, intentan producir el mismo tipo de texto que un humano produciría si le entregaran la misma entrada. Incluso si son modelos multimodales que pueden usar y producir imágenes, estas imágenes no están, en realidad, conectadas con acciones. Los agentes que aprenden en entornos abiertos y tipo juego son muy distintos. Funcionan en el dominio de las observaciones visuales y las acciones físicas, a medida que ven representaciones de su mundo virtual, y actúan en él desplazándose, recolectando objetos, golpeando cosas, etc. Estos agentes no están tratando de emular lo que hacen los humanos, sino que están tratando de maximizar sus recompensas, las que son definidas por un proceso abierto, no por nosotros. En lugar de aprender a emular la producción humana de textos, estos agentes aprenderían a actuar en un mundo que puede, o no, tener mucho en común con el nuestro.

Las posibles direcciones que puede tomar la IAG tratadas en este capítulo y el anterior también resaltan algunas opiniones discrepantes y la total confusión acerca de lo que queremos decir cuando hablamos de IAG. Si definimos la IAG como un sistema de software que, en comparación con cualquiera de los sistemas que tenemos actualmente, tiene muchísimas más capacidades generales para resolver tareas que parecen requerir inteligencia, es concebible que ambas direcciones —aprendizaje autosupervisado con datos humanos y aprendizaje abierto en entornos virtuales— puedan llevar a la IAG. Pero serían tipos muy distintos de IAG. Uno sería más un reflejo de nosotros, que operaría en la esfera de nuestra producción cultural (textos e imágenes que se parecerían a las que nosotros producimos); el otro, sería más una inteligencia foránea, que funcionaría en uno o más mundos virtuales en donde realizaría tareas y recibiría recompensas. Aunque parece que el enfoque del modelo fundacional conduce a sistemas útiles de manera más inmediata, no está para nada claro cuál enfoque nos llevaría hacia una inteligencia más general.

CAPÍTULO 9

Inteligencia artificial general y consciencia

Por lo general, cuando nos encontramos con alguien que demuestra signos de inteligencia avanzada, consideramos que es consciente, especialmente si podemos conversar con él. Pensamos que existe algo que es el *ser* de esa persona, que siente, piensa y experiencia. De hecho, si te presionan en este punto, a partir de esto justificarías tener un comportamiento ético con esa persona. Después de todo, si te pasa que rompes una polera, no te compadeces de la polera. La polera no tiene sentimientos. Quizás sientas lástima por ti mismo porque echaste a perder una buena polera. Y cuando le explicas a un niño por qué no debería romper la polera de otra persona, no le haces considerar los sentimientos de la polera, sino los sentimientos de su dueño.

Ahora bien, si desarrolláramos una IAG, ¿sería más parecida a una persona o a una polera? ¿Tendría consciencia? ¿Tendría un sistema de inteligencia artificial general sentimientos y sensaciones? ¿Tendríamos responsabilidad moral sobre este?

Si alguna vez las máquinas podrán ser verdaderamente conscientes es una cuestión que se discute desde hace mucho tiempo; al menos, desde que la idea de inteligencia artificial se pregonó por primera vez. Sin embargo, el debate tiene raíces aún más profundas. Al menos desde tiempos de la Grecia Antigua, hemos reflexionado sobre el "problema de las otras mentes": ¿cómo podemos saber si las personas con las que nos encontramos son conscientes?[1] También existes similitudes obvias con determinar qué otros seres vivos pueden ser considerados conscientes de alguna forma.

¿Hay otros animales conscientes? Si es así, ¿cuáles? ¿Son conscientes las plantas? ¿Por qué? ¿Por qué no?

La palabra *consciencia* puede significar muchas cosas diferentes. El filósofo David Chalmers distingue entre el problema difícil y los problemas fáciles sobre la consciencia. Comencemos por los problemas fáciles. Quizás respires aliviado al saber que algunos de los problemas de la consciencia son fáciles, por lo que no nos tomarán mucho tiempo. Lamentablemente, fáciles no son; más bien, son abordables. Los problemas fáciles son ideas tales como: de qué manera categorizamos nuevas impresiones sensoriales, cómo podemos enlazar información con el fin de producir un informe verbal, y cómo, con el tiempo, las impresiones y los recuerdos se pueden combinar para formar un yo unificado. Estos son problemas donde al menos sabemos lo que estamos buscando y podemos ver que, en principio, deberían ser posibles de resolver.[2]

El problema difícil, por otro lado, se refiere a cuándo y cómo estos mecanismos dan lugar al surgimiento de la experiencia fenomenológica: para usar la expresión clásica de Thomas Nagel, cómo sabemos que existe algo que se siente como ser alguien.[3]

Para notar la diferencia entre el problema difícil y los problemas fáciles, supongamos que existe un zombi filosófico. Imagina un cuerpo físico que se ve y se comporta igual que una persona común. Si se le preguntara acerca de su pasado, el zombi podría responder de manera completamente razonable y creíble. Si le tomaras radiografías, las imágenes se verían totalmente normales. En resumen, no habría nada, en absoluto, que indicara que se trata de un zombi y no de una persona común con consciencia. Sin embargo, el zombi no tendría consciencia fenomenológica. No experienciaría nada. No habría nada que fuese como ser el zombi. Pero si le preguntaras al zombi si ha experienciado algo, diría: "Sí, por supuesto". Los problemas fáciles de la consciencia se refieren a cómo el zombi puede ir por ahí, hablando de cómo él mismo experiencia cosas; también se refieren al cómo tú y yo podemos hablar de nosotros mismos. El problema difícil es cómo explicar por qué no soy un zombi filosófico (tú ya sabes que no eres uno).

Al enfrentarte por primera vez con esta discusión, puede parecerte algo abrumadora o extravagante. Parece que el idioma inglés no está verdaderamente equipado para hablar del problema difícil de la consciencia.

Algunos filósofos, como Daniel Dennet, creen que el problema difícil no existe y que el concepto de un zombi filosófico es incoherente.[4] Pero la idea de que existe un problema filosófico específico acerca de cuándo y cómo un cuerpo físico da lugar a la consciencia fenomenológica es compartida por muchos pensadores, de diferentes épocas, no sólo por filósofos de la academia. Es posible decir que el concepto cristiano de alma se relaciona, al menos en parte, con la consciencia fenomenológica.

Dos de las principales teorías acerca de cómo surge la consciencia fenomenológica a partir de la materia son el fisicalismo y el funcionalismo. El fisicalismo sostiene que la consciencia es causada por la materia, o es parte de ella.[5] El funcionalismo, en cambio, afirma que la consciencia viene de las dependencias funcionales entre la entrada y la salida de un sistema o, en otras palabras, del procesamiento de información.[6] Si alguna versión del funcionalismo es verdadera, entonces una computadora que fuera funcionalmente equivalente a un humano biológico sería consciente si el humano fuera consciente. El fisicalismo, por el otro lado, afirma que la materia física es fundamental. Algunos fisicalistas argumentan que la consciencia solo puede provenir de las neuronas biológicas, así que no importa qué tipo de trucos pueda realizar una computadora, nunca podrá ser consciente.

¿Cómo podemos determinar si el funcionalismo, el fisicalismo u otra postura es la correcta? Muchos pensadores han propuesto variados argumentos para cada una de ellas. Chalmers ha planteado varios argumentos a favor del funcionalismo. Por ejemplo, su argumento *fading qualia* es como sigue: imagina que tu cerebro es reemplazado por un grupo de pequeños chips de computadora.[7] Una por una, partes pequeñas de tu cerebro son retiradas y reemplazadas por los chips, que funcionan de manera totalmente idéntica a aquellas partes del cerebro a las que reemplazan. Tú no notas el reemplazo, en absoluto. Durante el proceso, estás despierto y viviendo toda clase de experiencias; Chalmers sugiere que quizás estás viendo un juego de básquetbol, entusiasmado con el equipo del que eres fan y sintiendo el tentador aroma de la comida rápida. Si el funcionalismo es correcto, entonces tu consciencia permanece intacta a través de este proceso y tienes consciencia fenomenológica tanto al comienzo como al final. Si algún tipo de fisicalismo que atribuyese solo al tejido biológico la facultad de causar experiencias fuese cierto, entonces tu consciencia habrá desaparecido hacia el final del procedimiento. Pero esto es difícil de imaginar. ¿Cómo hubiera ocurrido esto? ¿Será que algún pedacito específico del cerebro es responsable de tu consciencia, la que de pronto desaparece cuando ese pedacito es removido? Improbable. ¿O será que tu consciencia se desvanece gradualmente, a medida que tu cerebro es reemplazado pedacito a pedacito? Es difícil para nosotros imaginar que la consciencia puede, de algún modo, desvanecerse. ¿Puedes tener un 0,17 de consciencia? De ser así, ¿cómo serían tus experiencias? ¿Podrías experienciar el rojo brillante de los uniformes de tu equipo local o serían más parecidos a un rosado suave?

Por otro lado, tenemos los argumentos a favor del fisicalismo. Quizás el argumento más sencillo, y uno de los más poderosos, es que en la historia de la ciencia todo lo demás ha sido explicable en términos físicos. Bastantes fenómenos, como el magnetismo, el movimiento de los planetas y la epilepsia, en algún momento, se asociaron con explicaciones no físicas, como intervenciones divinas o posesiones de algún espíritu. Pero resulta que todo esto tiene una explicación en términos físicos. ¿Por qué sería distinto con la consciencia?

Puede que ninguno de estos argumentos te convenza y que, en cambio, quisieras saber si hay alguna prueba empírica que se pueda aplicar. El problema es que no hay y que probablemente nunca exista. La naturaleza del problema difícil de la consciencia es tal que no se presta a simples pruebas empíricas. ¿Qué contaría como evidencia para eso que se debe ser para ser alguien (o algo)? El debate sobre la consciencia y su base en el mundo físico o en la organización funcional está en su apogeo, y no tenemos nada cercano a un consenso filosófico. Los desacuerdos sobre la consciencia son tan intensos como los desacuerdos sobre la inteligencia, si no más.

Algunos autores, incluido Chalmers, han intentado delinear criterios para determinar cuándo un sistema de IA podría ser considerado consciente.[8] Tales criterios incluyen agencia unificada, una memoria compartida en distintas modalidades y que se mantenga en el tiempo, y modelos generativos para el mundo físico (o cualquier mundo simulado en el que el agente actúe).[9] No hay modelos actuales de IA (incluidos los LLM) que los cumplan. Sin embargo, no es claro que el tener consciencia fenomenológica sea resultado de haber cumplido con esos criterios: es posible imaginar una "IA zombi" que se comportara como si fuera consciente, pero que realmente no lo sea.

¿En qué nos ayudan esos criterios al momento de decidir si un sistema de IA es consciente? Es difícil de responder. El simple hecho de preguntarle al sistema no sirve. Recordemos que los LLM son muy buenos en los juegos de rol. Según sea tu prompt, puedes lograr que el mismo LLM diga que sí tiene consciencia o que no la tiene. En ambos casos, responderá de manera razonable a las preguntas de seguimiento. Esto le resulta fácil, porque sus datos de entrenamiento contienen muchas discusiones sobre la consciencia y la IA que provienen la filosofía y la ciencia ficción. En cierto sentido, nos está devolviendo nuestras propias conjeturas acerca de la IA consciente. Recordemos también que las palabras producidas por el LLM no se refieren, per se, a nada, excepto a su relación con otras palabras. Entablar este tipo de diálogo con un LLM puede ser entretenido, pero desafortunadamente no nos ayuda a comprender si, de hecho, es consciente.

Es posible que nuestra sociedad decida, en algún momento, que algunos sistemas de IA, o algunas clases de sistemas de IA, son conscientes y merecen alguna forma de derechos. Habrá muchas preguntas complejas acerca de exactamente qué es, cuándo ocurre y cómo se da, la consciencia: ¿podría ser el conjunto de los parámetros de una red profunda? ¿O sus activaciones? ¿Necesita mantener su estado a lo largo del tiempo?

¿Qué pasa si la copias? Otras preguntas tendrán que ver con los derechos que tendría: ¿podría ser apagada? ¿Podría ser copiada? ¿Podría perturbarse su estado? En esencia, sin embargo, la decisión de reconocer la consciencia estará basada, casi con certeza, en evidencia que algunas personas juzgarán insuficiente. Simplemente, no lo sabemos y yo creo que nunca podremos saberlo.

CAPÍTULO 10

Superinteligencia y la explosión de inteligencia

En la película de acción y ciencia ficción de 1984 *The Terminator*, el mundo ha sido dominado por Skynet, un sistema de inteligencia artificial creado originalmente por el ejército de Estados Unidos para operar su sistema de defensa de misiles nucleares. Lamentablemente, Skynet resulta ser demasiado inteligente y desarrolla una autoconsciencia. Esta IA concluye que la humanidad representa una amenaza para su existencia y entonces decide intentar exterminar a todos los humanos utilizando los misiles nucleares que tiene convenientemente a su disposición.

Otra famosa película de ciencia ficción, *The Matrix*, de 1999, presenta un escenario algo similar. La humanidad desarrolla inteligencia artificial, pero el sistema de IA pronto se vuelve demasiado inteligente y toma la decisión de controlar el mundo por sí mismo, sin la interferencia de los molestos humanos. Tras ganar la guerra contra la humanidad, la IA coloca a los humanos que quedan en tanques y los conecta a una simulación computacional del mundo real alrededor del año 1999, de modo que nunca se den cuenta de que en realidad son esclavos de las máquinas.

De hecho, la idea de una IA que se vuelve más inteligente que sus creadores y toma el control de los humanos que la diseñaron es sorprendentemente común en la ciencia ficción. En *2001: Odisea del espacio*, la película de 1964 dirigida por Stanley Kubrick y basada en la novela de Arthur C. Clarke, ocurre lo mismo, pero esta vez a bordo de una nave espacial que viaja a Júpiter para investigar una misteriosa transmisión. Algunos ejemplos más recientes de películas de ciencia ficción con la temática de una IA que toma el control son *Yo, robot*, *Transformers* y *Avengers: Era de Ultrón*.

Sin embargo, todo esto es ciencia ficción, y al fin y al cabo no deja de ser ficción. Los cuentos de hadas y la fantasía contienen dragones, hechiceros, demonios y deidades, y el mero hecho de escribir sobre ellos no significa que existan en la vida real. ¿Podría existir una inteligencia artificial que se vuelva más inteligente que nosotros, tan inteligente que perdamos el control sobre ella y, en cambio, comience a controlarnos? Hay quienes piensan que sí. Probablemente, la primera persona en formular este argumento de manera explícita fue el matemático I. J. Good en 1965:

> Definamos una máquina ultrainteligente como una máquina que pueda superar con creces todas las actividades intelectuales de cualquier persona, por hábil que sea. Dado que el diseño de máquinas es una de estas actividades intelectuales, una máquina ultrainteligente podría diseñar máquinas aún mejores. Ello indiscutiblemente conllevaría una "explosión de inteligencia", y la inteligencia de la humanidad quedaría muy rezagada. Por lo tanto, la primera máquina ultrainteligente es la última invención que la humanidad necesitaría hacer, siempre que la máquina sea lo suficientemente dócil como para decirnos cómo mantenerla bajo control.[1]

En otras palabras, una vez que construyamos un sistema de IA tan inteligente como nosotros, ese sistema será capaz de mejorarse a sí mismo (o de construir sistemas de IA superiores) tan bien como lo haríamos nosotros. Y una vez que se haya mejorado a sí misma, nos superará también en esto, por lo que mejorará aún más rápido. El ritmo de mejoramiento aumentará de forma exponencial, y pronto la máquina artificialmente inteligente nos sacará una enorme ventaja. Una vez que esta máquina sea literalmente miles de veces más inteligente que nosotros, no habrá forma de predecir lo que hará o cómo nos tratará. Podríamos ser para ella lo que las hormigas son para nosotros: insignificantes y algo molestas, claramente carentes de una inteligencia digna de consideración. Y para entonces, la IA bien podría aplastarnos, hablando en términos metafóricos.

Muchas personas creen que esto en verdad podría suceder. El filósofo Nick Bostrom escribió un libro llamado *Superintelligence*, donde desarrolla con más detalle el argumento de Good y explora estrategias para mitigar el riesgo.[2] David Chalmers, tal vez el filósofo de mayor renombre que se ha tomado en serio este argumento, escribió un excelente análisis al respecto.[3] Es sabido que Elon Musk, el director de Tesla y SpaceX, está tan preocupado por la posibilidad de una explosión de inteligencia, que financió a la compañía de IA OpenAI, que inicialmente era sin fines de lucro, para investigar los riesgos de la superinteligencia y las maneras de mitigarlos. Otros personajes destacados que en diferentes momentos se han tomado en serio el peligro de la superinteligencia incluyen al cofundador de Microsoft, Bill Gates, y al legendario físico Stephen Hawking (aunque este último moderó su postura con el tiempo).[4] Al momento de escribir estas líneas, varios influyentes investigadores en inteligencia artificial han firmado una breve declaración que dice: "Mitigar el riesgo de extinción a manos de la IA debería ser una prioridad mundial, junto con otros peligros a escala social, como las pandemias y la guerra nuclear".[5]

¿Es verdad? ¿Podría algún tipo de sistema de IA volverse tan inteligente que empiece a mejorarse a sí mismo, nos supere a todos y luego nos extermine, ya sea porque le somos desagradables o simplemente porque no le importamos y podría querer darle un mejor uso a los átomos que nos componen? Consideremos las dos siguientes preguntas por separado: ¿puede el software de IA mejorarse drásticamente por sí mismo? Y, ¿puede representar un riesgo existencial para la humanidad?

En cierto sentido, es fácil crear un sistema de IA que sea capaz de mejorarse a sí mismo. Las IA automejorables existen desde hace décadas. Por ejemplo, se puede implementar un algoritmo evolutivo que también evolucione sus propios hiperparámetros (sus "configuraciones") con el fin de ser más eficiente. O se puede usar la tecnología del aprendizaje por refuerzo para hacer que una red neuronal produzca mejores estructuras de redes neuronales a fin de crear versiones mejoradas de sí misma. Sin embargo, no es este tipo de automejora el que estamos buscando. Estos sistemas tienen un techo bajo, lo que significa que su automejora solo los lleva hasta cierto punto. Son buenos optimizando algún aspecto de su propio funcionamiento hasta cierto punto, pero no pueden añadir funcionalidades completamente nuevas (en parte, esto se debe a que no hay forma de entrenar a un sistema para que invente funcionalidades del todo novedosas; por definición, no habría nada con qué entrenarlo). Lo que el argumento de la explosión de inteligencia plantea son sistemas que pueden mejorar drásticamente de manera muy rápida, de modo que no los podamos controlar; en esencia, sistemas que podrían, por sí solos, dar un salto de años en el desarrollo de la IA.

Este argumento se basa en el concepto de inteligencia. Dado que el sistema es inteligente, y la inteligencia es lo que necesitamos para crear sistemas de IA aún mejores, el sistema podría usar su propia inteligencia para volverse más inteligente. Pero, como hemos visto, lo que entendemos por inteligencia es un concepto difuso en el mejor de los casos. ¿Servirá el mismo tipo de inteligencia que tiene el sistema de IA para hacer que el sistema de IA se vuelva más inteligente? Y, ¿será el tipo de inteligencia necesario para llevar al sistema de IA al siguiente nivel el mismo tipo que se necesite para llevarlo al nivel subsiguiente?

El desarrollo de la IA tal y como lo practican los humanos, requiere una amplia gama de diversas habilidades. Las más evidentes son aquellas relacionadas con el diseño de arquitecturas y métodos de entrenamiento, como por ejemplo las estructuras de redes neuronales y los algoritmos de optimización. Sin embargo, estas habilidades son solo la punta del iceberg. De igual relevancia es construir la infraestructura computacional y de datos para que estos sistemas en extremo complejos puedan funcionar de forma adecuada. También hay que recopilar y filtrar los datos de entrenamiento. Y, por supuesto, debemos considerar la producción del hardware. Como se señaló anteriormente en el libro, los avances en hardware, incluidos CPU, GPU, memoria, almacenamiento y redes, han sido fundamentales para el desarrollo de la IA moderna. Los últimos avances no podrían haberse realizado con el hardware de la generación anterior, ya que el entrenamiento habría sido demasiado lento o la memoria no habría sido suficiente. De modo que, para que un sistema de IA mejore de manera sustancial sus capacidades actuales, necesitaría progresar en múltiples frentes. Esto es un gran desafío incluso en el ámbito del software, y sería aún más complicado, por no decir otra cosa, en términos del hardware. Como mínimo, no podría hacerse de manera rápida. La fabricación de nuevos chips (como procesadores o memoria) es una industria extremadamente compleja, con una larga cadena de suministro internacional en la que solo unas pocas empresas en el mundo pueden producir cada componente. En el mejor de los casos, toma meses, y sería muy evidente si un sistema de IA intentara hacerlo por su cuenta. Por todo esto, parece altamente improbable que un sistema de IA logre *de manera independiente* un aumento rápido y sostenido de sus capacidades.

Aún más importante, el progreso en el desarrollo de nueva IA no es solo una cuestión de inteligencia. Como todas las formas de investigación y desarrollo, requiere experimentación. No sabemos nunca de antemano qué es lo que va a funcionar. Necesitamos probar cosas y fallar, y esto lleva tiempo; los grandes modelos de lenguaje más avanzados que han surgido en el último tiempo tardaron meses en entrenarse y aún más en encontrar experimentalmente la arquitectura y los ajustes adecuados que permitieran que el entrenamiento funcionara.

En resumen, es perfectamente posible que un sistema de IA pueda mejorar su propia capacidad hasta cierto punto. Versiones rudimentarias de tales sistemas han existido durante mucho tiempo. Sin embargo, para que un sistema de IA mejore sus capacidades más allá de una pequeña cantidad, este necesitaría una base de conocimientos en extremo amplia, acceso a una casi excepcional capacidad de fabricación en varios países, la posibilidad de realizar experimentos empíricos y una considerable cantidad de tiempo. Nada de esto ocurre por sí solo, ni de manera rápida o indetectable.

Por supuesto, podríamos imaginarnos un sistema de IA que se automejora con la ayuda de un gran equipo de humanos inteligentes y dedicados que tengan la experiencia, las conexiones y los recursos financieros adecuados. Pero esa es básicamente la manera en que se desarrollan el software y el hardware de IA en la actualidad. Estos son desarrollados por grandes equipos de humanos, en varias organizaciones y con la ayuda de herramientas de IA. No obstante, tiene más sentido considerar a los humanos como agentes en lugar de a los sistemas de IA. O, quizás de manera más precisa, las empresas, o incluso nuestra civilización técnica en su conjunto, son el verdadero agente que permite la automejora.

Pasemos a la siguiente pregunta: aunque no creamos que la IA pueda automejorarse más que de forma marginal, ¿podría un sistema de IA avanzado presentar un riesgo existencial para la humanidad?

El escenario de *The Terminator* no es imposible (al menos la primera parte, en la que se desata una guerra nuclear; la parte con los robots humanoides que viajan en el tiempo es más fantasiosa). Pero tal escenario requiere que el sistema tenga agencia, y construir sistemas con agencia es algo que podemos elegir. Y lo que es más importante, requiere que alguien le diera a un sistema de IA con agencia, que no podamos controlar, el poder absoluto sobre los códigos para el lanzamiento de bombas nucleares. Esto, obviamente, no es una buena idea. Sin embargo, el problema aquí es más un problema de seguridad que de IAG. Todo esto podría ocurrir *sin* IA. Desde que se inventaron las armas nucleares, hemos tenido varios incidentes cercanos al desencadenamiento de una guerra nuclear por procedimientos defectuosos. La película de 1983 *War Games*, una de las mejores películas sobre IA, presenta un escenario donde una IA no general casi desata una guerra nuclear. Es un argumento creíble, ya que el sistema de IA en la película no es realmente tan sofisticado. La lección aquí no se trata tanto de la IA, sino de tener procedimientos de seguridad adecuados con humanos en el proceso.

Bostrom plantea un escenario en el que un sistema de IA destruye a la humanidad sin querer hacerlo, e incluso sin tener necesariamente nada en contra de ella. En este escenario, un sistema de IA recibe el control de algo tan inofensivo como una fábrica de clips.[6] Este sistema tiene un único objetivo: fabricar la mayor cantidad posible de clips. Luego, se vuelve superinteligente y comienza a idear nuevas formas de maximizar su producción. El sistema de IA termina tomando el control de la humanidad y convirtiendo toda nuestra capacidad de fabricación, y eventualmente a nosotros mismos, en clips.

Esta historia se basa en la idea de que la IA "despierta" de repente y se vuelve mucho más capaz de lo que era antes, al punto de que ya no podemos controlarla. No obstante, como argumenté antes, esto parece, a lo sumo, improbable. También es improbable que, incluso si alguien lograra controlar todas las máquinas conectadas a internet que hay en el mundo, pudiera usarlas para convertir a la humanidad en clips.

Aun así, es posible imaginar un sistema de IA extremadamente capaz que causara un daño real a la sociedad incluso sin un aumento repentino de su capacidad, siempre que asumiéramos que fuera el único sistema de IA con semejante nivel de capacidad. Esto, sin embargo, sería más un problema de ciberseguridad que de inteligencia artificial. Si imaginamos que un hacker tuviera acceso a todas las herramientas de hackeo existentes, y que nadie tuviera defensas de ciberseguridad, ese hacker podría tomar el control de muchos sistemas y provocar el caos. Afortunadamente, las capacidades de defensa y ataque en ciberseguridad han evolucionado de forma gradual a lo largo del tiempo, ya que estos conocimientos están repartidos entre múltiples actores de la sociedad. Parece que la forma más segura de protegerse contra ciberataques potenciados por IA es asegurarse de que las capacidades modernas de IA se distribuyan dentro de la sociedad.

En este capítulo hemos explorado formas más imaginativas en las que los sistemas de IA podrían causarnos problemas. Como habrás notado, no estoy particularmente preocupado por esto, pese a que algunas personas sí. Esta es una discusión que seguiremos teniendo por un tiempo. En el próximo capítulo, en cambio, abordaremos las formas más cotidianas, o al menos no tan catastróficas, en que IA más general podría afectar a la sociedad.

CAPÍTULO 11

Inteligencia artificial general y sociedad

Es difícil imaginar que la disponibilidad de IA más capaz en términos generales no tenga grandes impactos en la sociedad. Los impactos específicos dependen del tipo de IAG que tengamos en mente, pero también de la sociedad en cuestión y de cómo esta gestione las disrupciones causadas por esta nueva tecnología.

El análisis en este capítulo será, por necesidad, aún más breve y superficial que en el resto del libro. Esto se debe en parte a la complejidad del tema y en parte a mi conocimiento (o falta de este) en la materia. No soy un científico social, sino un simple científico de la computación con intereses eclécticos y formación filosófica. Al igual que en el resto del libro, en este capítulo se considera que la IAG es una tecnología de IA más competente y general que la que tenemos ahora, por lo que gran parte del debate que aquí se plantea se refiere también a la IA en un sentido más estricto. Para muchos, una de las primeras inquietudes que surge al reflexionar sobre los impactos sociales de la IAG es la pérdida de empleos. En las sociedades modernas, la gente trabaja para ganar dinero, que luego gasta en bienes y servicios producidos por otros. Si un sistema de IAG pudiera hacer todo lo que un humano puede hacer, ¿qué quedaría para nosotros? ¿Cómo ganaríamos dinero? ¿Y cómo le daríamos significado a nuestras vidas, dado que para muchos de nosotros el trabajo es importante por razones más allá de lo económico?[1]

La idea de un mundo en el que la IAG realiza todo el trabajo y los humanos se dedican a hacer otras cosas con sus vidas ha sido explorada en diversas novelas de ciencia ficción. Quizás la exploración más completa se encuentra en la serie *Culture* de Iain M. Banks, que consiste en nueve novelas centradas en personajes relacionados con "la Cultura," una sociedad poderosa donde los humanos viven en simbiosis con tecnologías altamente avanzadas.[2] La joya de la corona de esta tecnología son las Mentes, dispositivos o seres de IAG extremadamente poderosos, un millón de veces más inteligentes que los humanos y capaces de realizar cualquier tarea intelectual mejor que estos. Este es el arquetipo del tipo de IAG llamado "mente incorpórea", discutido en el capítulo 5. Una vasta variedad de robots móviles ayuda a las Mentes, encargándose de todas las necesidades materiales de los humanos, incluida la atención médica. Los humanos viven prácticamente todo el tiempo que desean. Para la mayoría de ellos, la vida en esta sociedad es buena: hacen lo que quieren y no se espera nada de ellos, salvo que no le hagan daño a los demás. Generalmente, los humanos se dedican a la amistad, la comida, el amor, el sexo y diversos juegos, aficiones y pasatiempos. Pueden pasarse décadas profundizando en alguna filosofía, arte o artesanía, sabiendo que siempre pueden pedir ayuda a las Mentes, ya que estas siempre saben más. Quienes buscan emociones fuertes practican deportes extremos o viajan por el universo. Algunos se unen a Contacto, el cuerpo diplomático de la Cultura, con el propósito de entablar relaciones, ya sean diplomáticas o no, con otras especies y civilizaciones.

La saga *Culture* es, sin duda, una lectura recomendable. Contienen mucha especulación interesante, algunas buenas tramas y buena acción. No obstante, leerlas te hace preguntarte si los humanos reales se sentirían satisfechos con semejante existencia. Si no tuviéramos conflictos ni desafíos que superar, ¿acaso no sentiríamos que la vida es un poco vacía? La mayoría de los eventos en las novelas ocurren en la interfaz entre otras civilizaciones y la Cultura. Ahí radica la tensión y la acción. Al parecer, es difícil escribir buenas historias que ocurran en un paraíso impulsado por IA.

Volviendo a nuestro mundo real, está claro que los reemplazos de humanos por sistemas de IA que lleguen a ocurrir se producirán de forma gradual. También se dará de manera muy dispareja, con algunos trabajos y tareas más expuestos que otros. Curiosamente, parece que estamos presenciando una inversión de una tendencia que ha existido desde la Revolución Industrial, donde el trabajo manual se automatizó de manera gradual y las personas se trasladaron a trabajos de oficina. Los avances recientes en IA se centran en gran medida en comprender y generar texto, código, voz e imágenes, exactamente el tipo de cosas que hacen los trabajadores de oficina (u, hoy en día, los trabajadores remotos). En cambio, la manipulación compleja de objetos físicos está en gran medida fuera del alcance de la robótica actual. No tenemos autos autónomos confiables en nuestras carreteras, ni mucho menos robots humanoides que sean útiles. Ningún robot hoy puede reemplazar o siquiera asistir a un plomero. Los robots industriales que realizan tareas en fábricas están estrictamente programados y son lo opuesto a la inteligencia general. Este fenómeno, donde la tecnología de IA se desempeña mejor en las tareas que consideraríamos cognitivas y mucho peor en las tareas manuales supuestamente no intelectuales, se llama la paradoja de Moravec y se conoce desde hace décadas.[3]

A lo largo de la historia registrada de la humanidad, no han dejado de producirse innovaciones técnicas y organizativas que han transformado o, en algunos casos, sustituido empleos. La Revolución Industrial fue en parte el resultado de los avances tecnológicos en la labor agrícola, lo que permitió contar con un gran número de trabajadores disponibles para las nuevas fábricas en las ciudades. El trabajo en las fábricas se automatizó de manera gradual, y los trabajadores pasaron a supervisar a las máquinas, y luego a trabajos de oficina. Las veces que se ha logrado automatizar un empleo, ya sea completa o parcialmente, se han creado otros nuevos a medida que surgen nuevas demandas. Históricamente, el desempleo aumenta de forma temporal durante épocas de gran cambio tecnológico, pero luego disminuye a medida que los trabajadores transitan hacia nuevos roles. Cuando se promedian estos ciclos tecnológicos, es sorprendente que el desempleo se haya mantenido estable durante cientos de años. Cabría preguntarse por qué esta vez sería diferente, en especial cuando la tecnología de IA tal como la conocemos es una evolución gradual de la tecnología computacional que lleva décadas utilizándose ampliamente.

Los cajeros bancarios y los contables son algunos de los ejemplos recientes de empleos que no han sido reemplazados. Cuando surgieron los cajeros automáticos, hubo quienes predijeron que los bancos despedirían a gran parte de su personal humano. En cambio, el número de cajeros bancarios aumentó, ya que más personas tenían acceso a servicios bancarios y por lo tanto la demanda creció.[4] Asimismo, cuando se inventó el software de hojas de cálculo (como VisiCalc y luego Microsoft Excel), algunas personas predijeron que los contadores se volverían obsoletos. No obstante, lo que terminó ocurriendo fue que los contadores lograron hacer más con menos y se volvieron más solicitados que nunca.[5]

En la mayoría de los casos, resulta más productivo pensar que la tecnología IA mejora los trabajos humanos en lugar de reemplazarlos. De la misma manera que los escritores y periodistas aprendieron a usar procesadores de texto y correctores ortográficos, llegando con el tiempo a depender de ellos, es probable que también adopten el uso de los LLM como herramientas de apoyo para la redacción. La mayor productividad que esto permite pasará a esperarse de ellos, y la escritura asistida por IA se volverá la norma. Este mismo argumento se puede aplicar a muchas profesiones: los profesionales de la publicidad y los editores tuvieron que adaptarse a los computadores en la década de 1990, lo que agilizó el proceso de producción de páginas impresas pero no redujo el número de empleados en las industrias publicitaria y editorial. Es cierto que aquellos veteranos que se aferraron a los procesos manuales terminaron perdiendo sus empleos, pero quienes aprendieron a usar los computadores se volvieron más productivos que nunca. Al mismo tiempo, el menor costo de producir medios impresos (y páginas web, ya que el mismo contenido comenzó a publicarse tanto en papel como en línea) hizo que la demanda de edición y publicidad fuera mayor que nunca.

El mismo razonamiento puede aplicarse a las profesiones manuales. Por ejemplo, ha habido muchas discusiones respecto a los conductores profesionales.[6] Los conductores de camiones y buses son algunos de los trabajadores más comunes en muchos países, incluido Estados Unidos. Estos empleos ya han pasado por varios ciclos de avances tecnológicos: los camiones y buses se han vuelto más grandes y confiables, y las soluciones de pago e itinerario se han automatizado más, lo que significa que se puede transportar la misma cantidad de carga o personas con un menor número de conductores y personal. Hoy en día se teme que las tecnologías de IA vuelvan innecesarios a los conductores. Si bien los obstáculos técnicos parecen mayores ahora que hace diez años, es probable que con el tiempo las ciudades cuenten con camiones y buses autónomos. ¿Qué harán los conductores entonces? Pues bien, estos vehículos autónomos seguirán necesitando que alguien los gestione: los humanos tomarán las decisiones comerciales y se encargarán de toda la documentación. Los camiones probablemente necesitarán ayuda en las fases de carga y descarga. Además, alguien tendrá que supervisar estas flotas de vehículos autónomos (es probable que de forma remota) e intervenir cuando surjan problemas, como siempre ocurre. Y no olvidemos el servicio al cliente, la mantención, el desarrollo de software, etc. A medida que sea más fácil, rápido y barato transportar cosas, probablemente también aumente la demanda de servicios de transporte. En resumen, es probable que los vehículos autónomos creen muchos empleos al mismo tiempo que incrementen en gran medida nuestra capacidad para mover bienes y personas. Muchos de estos trabajos requerirán conocimientos sobre los vehículos, el tráfico y las particularidades de ciudades y regiones específicas, que es exactamente el tipo de conocimientos que tienen los conductores profesionales.

Ni siquiera hemos mencionado todos los empleos nuevos que la IAG haría posible. Existe una cantidad casi ilimitada de tareas que no se realizan porque no podemos permitirnos hacerlas o porque estamos ocupados haciendo otras cosas. Es un poco decepcionante que mi departamento no se limpie solo, que todavía tenga que reservar vuelos y coordinar reuniones por mi cuenta, y que mi esposa y yo tengamos que ocuparnos de las partes tediosas del cuidado infantil (por ejemplo, asegurarnos de que nuestro hijo pequeño no haga algo peligroso, como bajar corriendo las escaleras), en lugar de concentrarnos únicamente en las cosas divertidas. También me molesta tener que organizar el pago de mis impuestos, no poder recibir un masaje profesional de calidad cuando y donde lo desee, no contar con un examen médico inmediato si me pica una garrapata o me preocupa una sensación extraña en mi rodilla izquierda, no tener un zapatero experto que arregle mis zapatos cuando estos me incomoden, o no tener un barman profesional preparándome un cóctel ahora mismo, entre otras cosas. Si quisiera rapear, sería ideal contar con alguien como Snoop Dogg para enseñarme. Estas son cosas que están al alcance de las personas muy ricas (pagando a humanos) o de los habitantes de la ficticia sociedad de la Cultura de Iain M. Banks (gracias a la IAG). El punto es que la demanda humana es prácticamente infinita, y las combinaciones de tecnología de IA y mano de obra calificada permitirán que muchos más bienes y servicios estén disponibles para una mayor cantidad de personas que nunca antes. Parece altamente improbable que nos quedemos sin cosas por las queramos pagarles a otros.

En resumen, la historia sugiere de forma contundente que no deberíamos preocuparnos por la pérdida de empleos a largo plazo debido a IA más capaz a nivel general. Argumentaría que esto es cierto incluso si llegáramos a desarrollar un tipo de IAG que supere a los humanos en literalmente todo. En ese caso, nuestro trabajo sería ser los jefes de esta increíble tecnología, porque, al final, somos nosotros quienes mejor sabemos lo que queremos. Esto es consistente con la historia, en la que la tecnología realiza cada vez más las tareas que antes hacíamos, mientras nosotros nos encargamos de gestionarla. Incluso los empleos considerados de "baja cualificación" hoy en día suelen implicar presionar botones y dar instrucciones a máquinas. Como civilización y como trabajadores individuales, ascendemos constantemente en la cadena de valor, desplazándonos desde el trabajo manual repetitivo y simple hacia la toma de decisiones.

En una entrevista para el programa insignia de la cadena CBS, *60 Minutes*, el reconocido periodista Anderson Cooper conversó con el legendario productor musical Rick Rubin. A lo largo de su extensa carrera, Rubin ha sido el productor de una gran cantidad de artistas de diversos géneros, desde los Beastie Boys y Jay-Z hasta Red Hot Chili Peppers, Aerosmith, Rage Against the Machine y Johnny Cash. Su habilidad para ayudar a estos artistas a desarrollar su potencial es indiscutible; por algo es una leyenda. Durante la entrevista, Cooper le pregunta a Rubin si toca algún instrumento, a lo que Rubin responde "casi nada". Luego, Rubin dice que no sabe utilizar los equipos de grabación modernos, que no tiene ninguna habilidad técnica y que no sabe nada de música. Cooper le pregunta entonces para qué le pagan. La respuesta de Rubin merece ser citada textualmente: "La confianza que tengo en mi gusto y en mi capacidad para expresar lo que siento ha sido útil para los artistas".[7]

Suelo pensar en esta entrevista. Me parece que el trabajo de Rubin está claramente protegido de la IA. Claro que se podría usar algún tipo de sistema de IA para dar retroalimentación sobre una canción y sugerir cambios. No obstante, eso no capturaría de manera exacta el gusto de Rubin. Y ese es el punto. En el caso de que algún día lleguemos a tener sistemas de IAG capaces de hacer todo mejor que nosotros, tal vez todos tengamos el trabajo de Rubin o lo que sea su equivalente en nuestros respectivos campos. He profundizado en el tema del trabajo y la posible pérdida de empleos porque el trabajo ocupa una gran parte de nuestras vidas, pero una IA general más avanzada podría impactar a la sociedad de innumerables maneras, muchas más de lo que podría abordar adecuadamente en este espacio limitado. Vale la pena que exploremos brevemente otros tres temas: los prejuicios arraigados, la desinformación y la ciberseguridad.

El problema con los prejuicios arraigados es que, en la medida en que los sistemas de IA se entrenan con datos generados por humanos, la IA aprende a reproducir los sesgos inherentes a esos conjuntos de datos. Hoy en día, numerosas pruebas demuestran que esto está ocurriendo. Una de mis demostraciones favoritas de este fenómeno tiene que ver con las capacidades de hacer representaciones vectoriales de palabras ampliamente utilizadas en Word2vec. Word2vec es una red neuronal entrenada para mapear palabras en un espacio multidimensional, lo que resulta útil en diversas aplicaciones de procesamiento de lenguaje natural.[8] Una de las cosas interesantes de este etiquetado de palabras es que permite realizar una especie de aritmética con ellas. Por ejemplo, puedes tomar la etiqueta de *rey* y restarle la de *hombre*, y sorprendentemente obtienes la etiqueta de *reina*. El problema es que, si tomas la etiqueta de *médico* y le restas la de *hombre*, obtienes la de *enfermera*.[9] Es importante destacar que nadie ha programado estos prejuicios deliberadamente, sino que han sido aprendidos a partir de los datos, que son un reflejo de los textos obtenidos de la web. Sin embargo, un sistema que haga semejantes suposiciones sobre el género dirá cosas o tomará decisiones que están muy lejos de lo que nos gustaría.

Este fenómeno no se limita a los modelos de lenguaje simples, sino que también es prevalente en modelos fundacionales de gran tamaño. Puedes probar esto pidiéndole a un modelo sofisticado de generación de imágenes, como Stable Diffusion, que genere imágenes de médicos o enfermeros, o de científicos o fontaneros, y observar el género y la etnia de las personas en las imágenes generadas.[10]

Una posible reacción es aceptar que los modelos entrenados simplemente reproducen las estructuras de nuestra sociedad y que deberíamos dejar que lo hagan. Pero esto ignora que, en muchos casos, queremos que los modelos justamente *no* hagan esto. Por ejemplo, podríamos querer que nuestras imágenes reflejen una sociedad diversa e inclusiva, no las estructuras de poder del pasado. O podríamos querer que los modelos que asisten en decisiones sobre la aprobación de hipotecas o contrataciones *no* consideren específicamente el género, la etnia o la edad.[11] Esto suele ser obligatorio por ley. Por supuesto, se podría argumentar que no deberíamos confiar en ningún sentido en los sistemas de IA para tomar decisiones tan importantes, pero dada la aplicabilidad general de esta tecnología, lo más probable es que lo hagamos. Pensar es difícil, y la mayoría de nosotros buscamos conservar nuestros finitos recursos de pensamiento siempre que podemos.

¿Cómo podemos asegurarnos de que los modelos tengan menos prejuicios? Tal vez la ruta más obvia sea no entrenarlos con datos sesgados. Pero esto es difícil, dado que la mayoría de los modelos se benefician de ser entrenados con la mayor cantidad de datos posible, y muchos datos existentes presentan sesgos. Además, el sesgo puede estar codificado de formas sutiles, como la frecuencia con que se menciona a las mujeres en comparación con los hombres en ciertos contextos, lo que significa que descartar datos sesgados podría requerir un análisis complicado y laborioso. También hay muchos tipos diferentes de prejuicios (además de la etnia y el género, están la edad, la apariencia, la religión, la política y muchas otras categorías) que se expresan de múltiples maneras. Esto implica que filtrar los datos de entrenamiento de manera precisa podría requerir mucho trabajo para no obstante terminar con una menor cantidad de datos y modelos de peor rendimiento.

Otra estrategia es intentar ajustar los prejuicios una vez que el modelo ya ha sido entrenado. El aprendizaje por refuerzo a partir de retroalimentación humana, o RLHF por sus siglas en inglés, se ha utilizado con cierto éxito para reducir los prejuicios en grandes modelos de lenguaje, pero desafortunadamente parece que este proceso hace que los modelos tengan un peor desempeño en otros aspectos.[12] En cualquier caso, los esfuerzos para limitar, mitigar e incluso detectar prejuicios son un campo de investigación activo.[13] Está claro que aún nos queda mucho progreso por hacer en esta dirección, pero también que es altamente improbable que encontremos una solución simple que elimine los prejuicios indeseados sin causar otros problemas.

Las impresionantes capacidades de los modelos fundacionales modernos para generar texto, voz e imágenes de alta calidad traen consigo la alarmante posibilidad de generar desinformación de alta calidad.[14] Por ejemplo, ahora es más fácil que nunca generar fotos de una persona real participando en algo que nunca ocurrió: un crimen, un acto sexual, una pelea o incluso una fiesta con las personas equivocadas. Este es un problema, ya que estamos acostumbrados a creer en las fotografías. Si bien es cierto que la falsificación de evidencia fotográfica ha existido prácticamente desde la invención de las cámaras, solía ser un trabajo arduo y de resultados de diversa calidad. Pensemos en las famosas fotos de los primeros líderes soviéticos, en las que León Trotsky fue borrado tras ser expulsado del gobierno. Esas ediciones, bastante rudimentarias, representaban lo mejor que podía producir una gran potencia mundial en su momento. Ahora es fácil crear fotos falsas que sean convincentes, y la tecnología está avanzando rápidamente (en un capítulo anterior hablamos de la imagen generada con Midjourney del Papa Francisco luciendo un abrigo de la marca de moda Balenciaga, que se volvió viral; desde entonces, nuevas versiones de modelos de generación de imágenes han sido probadas generando Papas vestidos con prendas extravagantes de Balenciaga).[15] Es muy probable que pronto podamos también generar videos falsos que sean convincentes. Los textos falsos plantean un desafío diferente: aunque no solemos creer algo solo porque lo diga una persona cualquiera en internet, sí podemos dejarnos convencer por lo que parece ser un consenso popular. Los LLM facilitan y abaratan la creación de miles de publicaciones que propagan una opinión política, afirman que un evento ha ocurrido, o alaban o critican a una persona o producto. En la medida en que confiamos en las opiniones de personas anónimas o con pseudónimos en línea, esto representa un problema para la democracia.

Es probable que la sociedad se adapte a la desinformación barata y abundante, al igual que lo ha hecho con otras disrupciones informativas (la imprenta, el teléfono, la televisión y el internet). Una pregunta urgente es cómo podemos ayudar a que la sociedad se adapte rápidamente, minimizando las disrupciones. Después de todo, podría argumentarse que la imprenta, con su capacidad para producir panfletos baratos, permitió la Reforma Protestante de Martín Lutero. Esto contribuyó indirectamente a la Guerra de los Treinta Años, que causó la muerte de aproximadamente el 20 por ciento de la población de Europa. Vale decir que *no* estoy argumentando en contra de la invención o proliferación de la imprenta.

Por último, quisiera dedicarle unas palabras al tema de la ciberseguridad. Los LLM, en particular, han demostrado capacidades impresionantes para escribir código e incluso ajustarlo en función de los resultados de su ejecución. Aunque esto es útil en muchas circunstancias, también podría permitir que agentes basados en grandes modelos de lenguaje hackeen otros sistemas de manera semiautónoma. Esto es preocupante, ya que podría facilitar que actores malintencionados desplieguen agentes maliciosos capaces de causar daños considerables. Un motivo de preocupación relacionado es el uso de métodos de IA más potentes y generales para atacar nuestros sistemas de autentificación e identificación, incluidas las contraseñas y datos biométricos como el análisis de rostros, voces, huellas dactilares o iris. Algunos sistemas ya utilizan el aprendizaje automático moderno para generar datos biométricos falsos que pueden engañar a muchos sistemas biométricos a que autentifiquen a un hacker como un usuario legítimo.[16]

En el ámbito de la ciberseguridad, en general se acepta que las amenazas evolucionan y las defensas deben evolucionar junto con ellas. Es necesario emplear una variedad de medidas defensivas para proteger los sistemas valiosos o vulnerables. La ciberseguridad se basa en una evolución constante de ataques y defensas, y los métodos de IA se utilizan cada vez más para ambos. En otras palabras, la mejor manera de enfrentar la amenaza de ataques basados en IA es mediante defensas impulsadas por IA, lo que significa que la difusión amplia de sistemas y capacidades de IA en la sociedad es, en gran medida, de nuestro interés.

CAPÍTULO 12

Conclusiones

Escribir un libro sobre inteligencia artificial general en 2023 es como perseguir un objetivo en movimiento. Comencé a trabajar en este libro antes de que ChatGPT fuera lanzado, lograra decenas de millones de usuarios y revitalizara el debate sobre la IAG. Ahora que lo estoy terminando, en octubre de 2023, se está dando una discusión intensa acerca de la regulación de la IA tanto entre los expertos en tecnología como entre los políticos. Para cuando estés leyendo esto, habrá pasado mucho en términos de tecnología y regulaciones. Pero mis descripciones acerca de cómo funcionan los métodos computacionales subyacentes seguirán siendo ciertas, y creo que varios de los puntos que establezco a lo largo del libro sobre la inteligencia natural y de la artificial todavía serán válidos.

¿Cuáles son exactamente esos puntos? En este capítulo final, intento sintetizar los temas del libro y dar una mirada al futuro. También me permito expresar algunas de mis opiniones (tengo muchas) acerca de la IA en general y de la IA general en particular. Comencemos por el principio: resumamos y comentemos lo que revisamos en cada capítulo.

La inteligencia artificial no es una única cosa. El término se refiere a una variedad de diferentes enfoques para crear software "inteligente", es decir, que resuelva problemas que parecen requerir inteligencia. Ya existen muchos de estos enfoques para crear un software así; entre ellos: varias formas de planificación, los árboles de búsqueda y el aprendizaje de máquina, a través de, por ejemplo, redes neuronales. El mejor enfoque depende del problema. Desde que, en los años cincuenta, se desarrollaron computadores digitales para el uso corriente, hemos visto una variedad de sistemas de IA que evidenciaron capacidades sobrehumanas en algún problema en particular. En un principio, fue la demostración de teoremas; más tarde, el reconocimiento de imágenes, y, luego, el ajedrez y varios videojuegos. En la actualidad, contamos con sistemas que pueden analizar y generar imágenes y texto, quizás no mejor que un profesional humano, pero definitivamente más rápido. Todos estos sistemas son, de alguna forma, especializados: el mejor modelo de lenguaje no es muy bueno para demostrar teoremas o jugar ajedrez, y el mejor sistema que juega ajedrez no sabría siquiera cómo empezar a escribir un poema. Ninguno de estos sistemas podría atarse los cordones de sus zapatos, si los usaran.

Lo que resulta tan esquivo es, entonces, la inteligencia artificial general. ¡Es tan escurridiza que hasta la definición del término es difícil! Resulta que no tenemos una buena definición de inteligencia general o siquiera de inteligencia. Las definiciones que se usan en psicología están, en esencia, basadas en los resultados de varios tests de cognición. El CI simplemente mide cuán exitoso eres en las pruebas de CI, aunque es bastante bueno para predecir varias otras cosas, como el desarrollo profesional en muchas carreras. Pero cuáles pruebas en específico deberían incluirse al caracterizar la inteligencia es, hasta cierto punto, cuestión de opinión. Si se mira más allá de la psicología humana, vemos que otros animales exhiben inteligencias de carácter muy variado. No tenemos una manera evidente para categorizar en una misma escala de inteligencia a un perro, un loro y un pulpo. Esto tiene sentido, ya que estos animales evolucionaron en nichos ecológicos diferentes, y tanto sus cerebros como sus cuerpos están adaptados a los desafíos de ese nicho. Aunque, en apariencia, debería ser más fácil elaborar una definición de inteligencia general a partir de las matemáticas y la ciencia de la computación, en realidad no lo es, al menos no si lo que buscas es contar con una definición útil. La inteligencia universal es una buena idea matemática basada en la suma total de desempeños en todos los entornos posibles, con foco en aquellos que son, en algún sentido, más simples. Sin embargo, es imposible de computar. Tampoco es claro si alguna de las inteligencias existentes, incluida la de los humanos, obtendría un buen puntaje en esta medición. Además, muchos de los "entornos" en los que los humanos nos desempeñamos abarcan grandes partes de nuestra vida que se superponen, y esos entornos tienen recompensas poco claras.

Quizás no es tan importante que no podamos definir la inteligencia artificial general. Quizás sea más interesante poner atención a las diversas perspectivas de sistemas de IA más general que los actuales planteadas por científicos y autores de ciencia ficción, e intentar categorizarlas de acuerdo con los rasgos que tendrían los potenciales futuros sistemas de IAG. Al hacer esto, apreciamos notables diferencias entre las perspectivas para nuestra futura IAG: un sistema de IAG, ¿será una entidad única o una colección de agentes que interactúan? ¿Será corpórea (como un robot) o no? ¿Cuánto aprendizaje necesitará para dominar las mismas habilidades que tenemos nosotros? ¿Cuánta habilidad de tipo general tendrá? ¿Tendrá voluntad propia o será más como un conjunto de servicios, un Microsoft Office con habilidades de nivel genio a pedido? Y quizás la pregunta más importante, ¿cuán parecido a un humano será? Es fácil ser presa de la idea de que un sistema de IA avanzado se comportaría y pensaría de manera similar a nosotros, simplemente porque somos el único marco de referencia que tenemos para la inteligencia avanzada y general (al menos algo). A la inversa, es difícil imaginar una inteligencia verdaderamente diferente. Los autores que han tratado de imaginarla, como Stanislaw Lem o China Miéville, principalmente han logrado retratar nuestras propias reacciones ante inteligencias alienígenas. No está nada claro que un sistema de IA pueda parecerse a un humano; esto dependería, al menos en parte, de la manera en que se desarrollen tales sistemas: si son desarrollados principalmente imitando humanos, podrían parecérseles más, pero si son desarrollados permitiéndoles establecer y resolver sus propios objetivos, podrían de hecho convertirse en algo totalmente alienígena para nosotros.

En cuanto a crear IAG, hay muchas opiniones. A lo largo de la historia de la IA, se ha ideado una variedad de métodos distintos, los que pueden categorizarse a grandes rasgos como variantes de búsqueda, optimización y aprendizaje. Cuál método funciona mejor depende mucho de la naturaleza del problema, pero ninguno de estos métodos parece suficiente para crear, *por sí solos*, sistemas de IA significativamente más generales y capaces. Ahora bien, combinar estos métodos es una cuestión distinta.

A la fecha que escribo esto, el aprendizaje autosupervisado de modelos fundacionales, como los grandes modelos de lenguaje y los generadores de imágenes, es lo que está en boga, y probablemente así será por algún tiempo. Los LLM, como GPT-4, Llama, Claude, Gemini y cualquier nuevo modelo de lenguaje que esté de moda cuando leas esto, son entrenados esencialmente para predecir la próxima palabra con muy pero muy grandes cantidades de texto. De manera similar, los generadores de imágenes como Stable Diffusion, Dall-E 3 y Midjourney son entrenados para recrear imágenes a partir de versiones ruidosas de esas imágenes. Los términos *autosupervisado* y *autorregresivo*, que casi siempre se usan para describir a este tipo de modelos, quieren decir simplemente que son entrenados para producir datos a partir de sí mismos. Lo sorprendente es lo bien que eso funciona y cómo estos modelos pueden hacer todo tipo de cosas inesperadas. Los generadores de imágenes pueden crear imágenes complejas, que nunca han existido, a la vez que acatan de manera casi precisa las complejas instrucciones que les describen situaciones que no existen. Los LLM pueden hacer... un montón de cosas. Resulta que muchas tareas pueden reformularse como finalización de texto, una versión optimizada de esa función de autocompletación que se la pasa arruinando tus mensajes de texto. Parte del truco, aquí, es el afinamiento de la instrucción, ya que el modelo además es entrenado con conjuntos de preguntas y respuestas o de instrucciones y resultados. Un LLM entrenado correctamente puede responder preguntas, resolver crucigramas, escribir poemas de amor y muchas otras cosas con dispar calidad de salida.

Al observar el poder y la versatilidad de los LLM, algunas personas dicen que estos son el primer paso hacia la IAG. Yo no estoy de acuerdo, y no solo porque no tenemos una buena definición de IAG. Los LLM tienen bastantes defectos: por lo general, son malos para razonar y planificar, no pueden —por sí solos— hacer cálculos y, quizás lo más importante, son extremadamente poco fiables. Incluso los mejores LLM con frecuencia alucinan en ciertas situaciones. Esto los hace inadecuados por sí solos en muchas situaciones. Sin embargo, es posible construir sistemas en torno a los LLM que amplifiquen el potencial de estos de varias formas. Por ejemplo, uno puede permitirles escribir código de programación, buscar en internet, utilizar softwares matemáticos y otras cosas. Es factible que algo que podamos llamar IAG surja algún día de sistemas que tengan LLM como componentes.

El aprendizaje abierto representa un acercamiento a la IAG completamente distinto. En este caso, no estamos entrenando modelos con el acervo cultural de la humanidad (texto e imágenes). En vez de eso, construimos sistemas en pares de agentes y generadores de problemas, inspirados de forma general por la manera en que la inteligencia natural se ha desarrollado a través de la evolución en ecologías complejas. Esta línea de desarrollo de IA se inspira en parte en los videojuegos y, a menudo, ocurre en simuladores tipo videojuegos o en videojuegos propiamente tales. Un sistema de IA puede generar problemas, tales como niveles o reglas de un juego, que un agente debe aprender y, cuando los agentes se vuelven suficientemente buenos en ese problema, se generan problemas nuevos. Bit por bit los agentes, o quizás sociedades de agentes, aprenden a resolver problemas más complejos y progresan en entornos más desafiantes. Creo que el aprendizaje abierto es un camino viable hacia alguna forma de IAG. Sin embargo, casi con certeza, sería una forma muy distinta de IAG si se compara con la inteligencia basada en aprendizaje autosupervisado en que se usan textos e imágenes hechos por humanos. Ya hemos visto ejemplos de esto cuando los métodos de aprendizaje abierto producen videojuegos que satisfacen los criterios que establecemos para que sea "bueno", pero que son en, gran medida, incomprensibles para los jugadores humanos. Esto desafía la noción de inteligencia general: ¿cuán general es? ¿En relación con qué? Aun cuando los humanos tenemos de manera natural un fuerte antropocentrismo, pienso que hay mucho por aprender de los sistemas de IA que son fundamentalmente distintos.

Si pudiéramos crear un sistema de IAG, ¿tendría consciencia? ¿Habría algo que fuera el cómo ser ese sistema? ¿Sentiría pena o felicidad auténticas, no solo simulaciones de estos sentimientos? No lo sabemos. Varias generaciones de filósofos han tratado de responder esta pregunta y han propuesto muchos argumentos ingeniosos; los argumentos filosóficos acerca de qué tipos de criaturas o cosas poseen mentes han estado presentes por alrededor de 2500 años. En lo personal, creo que esta es una de las preguntas más importantes del mundo; en mi carrera universitaria me especialicé en filosofía, en gran parte porque quería comprender si las máquinas inteligentes podían ser conscientes o no. Luego de unos años de pensar en esto, concluí que no tenía idea de cómo yo o cualquiera podía hacer progresos en esta pregunta, así que me cambié al problema más fácil de intentar crear inteligencia artificial. Y ahí sigo todavía. Sin embargo, admiro a todos aquellos que tratan de responder a esta pregunta.

Una pregunta que, sorprendente e irritantemente, es muy debatida al tiempo que escribo esto, es si la IA nos podría llevar a la extinción de la humanidad. La idea es que, una vez que creemos sistemas de IA suficientemente avanzados, serán tan inteligentes que no podremos controlarlos. Podrían continuar mejorándose a sí mismos, tanto como para quedar fuera de nuestro alcance y, entonces, nosotros seríamos para ellos lo que las hormigas son para nosotros. Con sus prioridades inescrutables, podrían decidir matarnos por la razón que sea. Lo sé, esto suena sospechosamente a ciencia ficción o incluso a teología. El problema de este argumento, y del debate que le rodea, es que se basa en varios conceptos que no están bien definidos. El principal de estos conceptos es el de "inteligencia" (algunas veces se usan sinónimos aproximados), el que, como hemos visto en este libro, rehúye de forma obstinada una definición con sentido. Si tratas de usar términos bien definidos que se refieren a las tecnologías de IA reales y sus capacidades, el argumento se cae.

Es interesante comparar el debate sobre el riesgo existencial que plantea la IA con otros riesgos existenciales o amenazas a la civilización que preocupan a las personas, tales como una guerra nuclear, el calentamiento global desenfrenado, posibles impactos de asteroides en la Tierra y las pandemias. En cada uno de esos casos, comprendemos con cierto detalle los mecanismos detrás de la posible catástrofe. También tenemos algunos ejemplos históricos de los que aprender; por ejemplo: las bombas de Hiroshima y Nagasaki, el máximo térmico del Paleoceno-Eoceno, el evento de Tunguska y la Peste Negra. En otras palabras, sabemos que estos riesgos son reales y sabemos bastante sobre cómo funcionan; en cambio, el argumento que defiende que la IA es un riesgo existencial es en su mayoría humo. Es cierto que no deberíamos descartar riesgos solo porque no los comprendemos bien. Pero, a la inversa, que no comprendamos algo no significa que deberíamos preocuparnos de que conlleve un riesgo existencial.

Desafortunadamente, algunas personas están convencidas de que el futuro desarrollo de IA plantea riesgos serios y que debería ser restringido y controlado. Otros están interesados en empantanar la investigación y el desarrollo de IA mediante restricciones y burocracia gubernamental para conservar sus propias posiciones competitivas en el desarrollo de IA, por lo que llaman a preocuparse de su riesgo existencial. Eso no está bien. Mientras escribo esto, se están presentando propuestas para exigir licencias que autoricen a entrenar modelos grandes. Creo que tales regulaciones serían un gran error, no solo por los escalofriantes efectos para la investigación de IA, sino también porque representan un terreno resbaladizo en términos de libertad de expresión. Parte del problema es que la IA, como hemos visto, se presenta de distintas maneras y no sabemos qué forma tomará el próximo método innovador de IA. Como hemos visto en este libro, incluso definir IA es muy difícil; los mejores intentos por definirla tienden a ser ya sea específicos para un método en particular —por lo tanto, tienen poco alcance—, o bien son tan amplios que abarcan muchas cosas que no consideramos IA. Piensa, por ejemplo, en los procesadores de texto y las calculadoras portátiles. Como tal, para que una regulación de los métodos de IA sea efectiva tendría que ser bastante invasiva y amplia. Ahora, pregúntate si deseas que existan leyes acerca de cuáles programas puedes escribir y ejecutar en tu propio computador. ¿Y cómo exactamente se harán cumplir tales leyes? ¿Mediante algún programa espía gubernamental obligatorio? No estoy diciendo que sea probable que esto ocurra pronto, pero la preocupación acerca de los riesgos existenciales planteados por la IA parece prestarse para tales propuestas.

Esto no quiere decir que no existan riesgos asociados al desarrollo y la diseminación de sistemas de IA más capaces y generales. Dada la amplia aplicabilidad de lo que sea que llamemos IAG, es probable que tenga efectos significativos para la sociedad. Aunque a algunos les preocupa que muchas personas, o incluso la mayoría, puedan perder su empleo, yo no lo creo probable. Pero sí pienso que mucha gente, quizás la mayoría, necesitará adaptarse al uso de varias formas de apoyo por IA en sus empleos para seguir siendo competitivos. Quizás nos acostumbraremos a usar agentes basados en LLM para hacer gran parte de nuestro trabajo, o alguna otra tecnología. Como hemos visto, es difícil predecir qué tipo de método dominará la próxima ola de IA.

Si bien no estoy preocupado de que algún futuro sistema de IAG despierte y decida convertirnos a todos en clips, sí pienso que vale la pena preocuparse un poco de los aspectos de ciberseguridad relacionados con sistemas de IA poderosos. Como casi cada aspecto de nuestra civilización tecnologizada depende, en alguna medida, de estar conectados a internet, la ciberseguridad es un asunto importante. Los malos actores, entre ellos, algunos estados, terroristas, sectas apocalípticas o simplemente delincuentes comunes y corrientes, pueden hacer mucho daño usando programas de hackeo mejorados con IA. Esto puede pasar tanto en el sentido técnico estricto, en el que las vulnerabilidades de un software pueden encontrarse y explotarse de forma automática, como en el sentido de ingeniería social, en el que se crean personalidades falsas y convincentes, para engañarte y hacer que entregues información importante. Ahora bien, los métodos de IA también posibilitan nuevas defensas. Esto no es hipotético; ya está ocurriendo. Es más fácil si se concibe como una extensión de la carrera continua entre atacantes y defensores, que ha definido a la ciberseguridad desde el comienzo. Varios métodos de IA ahora entregan herramientas tanto para los sistemas de ataque como para los de defensa.

Nuestros sistemas computacionales están hoy relativamente a salvo porque son muchos los desarrolladores de software y los administradores de sistemas que se toman la seguridad en serio, y que comparten su conocimiento de manera libre y abierta. La ciberseguridad se estudia en la academia y en la industria; los artículos y códigos fuente se comparten abiertamente. Se podría pensar que esto les da alguna ventaja a los atacantes, pero, en realidad, pasa lo contrario. La mejor manera de probar tu estrategia de defensa es permitir que otros hackers o investigadores intenten atacarla y compartan lo que descubran. Y la mejor forma de mejorar rápidamente los métodos de seguridad es dejar que hackers e investigadores se basen en las soluciones cruzadas de unos y otros. Además, querer impedir que los malos actores compartan sus estrategias de ataque entre sí sería claramente inútil; por lo tanto, tiene sentido que los buenos actores apliquen la misma estrategia.

Creo que este es el futuro que queremos también para los métodos y modelos de IA. La investigación y el desarrollo de IA debería realizarse de manera abierta y transparente, tanto como sea posible. Esto implica no solo que los parámetros y el código del modelo usado para entrenamiento sean de código abierto, sino también que los investigadores y los desarrolladores publiquen abiertamente sus métodos y hallazgos. Este enfoque permitirá que nuevos modelos y métodos sean probados por cualquier persona que tenga la capacidad técnica, lo que nos llevará a obtener más innovación y también a lograr más seguridad. Una sociedad donde la mayor cantidad de personas posible tiene acceso, comprende y puede contribuir a modernizar la IA estará más a salvo de cualquier riesgo al que los sistemas de IA nos puedan exponer.

Finalmente, antes de dejarte ir, quisiera meditar acerca de qué significa que los términos *inteligencia*, *inteligencia artificial* e *inteligencia artificial general* sean tan obstinadamente difíciles de definir. ¿Quiere decir que todavía no hemos comprendido qué son la inteligencia y la inteligencia artificial? No obstante, esto supone que al estudiar la inteligencia, estamos estudiando una clase natural, esto es, una categorización que hace referencia a algo real de la naturaleza. No creo que ese sea el caso. Pienso que *inteligencia* es un término que creamos para representar un conjunto arbitrario de capacidades que los humanos tendemos a poseer. Intentar encontrar el meollo o la esencia de la inteligencia es probablemente un ejercicio inútil, tanto como lo es encontrar la esencia del estilo, de la belleza o de los años 80. No existe un ingrediente secreto, principio fundamental o truco sencillo para definir la inteligencia. Y llegar a una definición es todavía más complicado si ponemos *artificial* junto a *inteligencia*. Inteligencia artificial era solo el nombre de un seminario de 1956 que, de alguna manera, también se volvió el nombre de un campo de investigación en expansión y de las muchas tecnologías que surgieron a partir de él. Que nos refiramos a las variadas tecnologías analizadas en este libro como IA es principalmente un accidente histórico o marketing. Podríamos haber usado uno o varios términos diferentes. De hecho, algunas de las primeras investigaciones en redes neuronales se hicieron bajo el rótulo "cibernética".

Una consecuencia de todo esto es que, en realidad, la IA no tiene nada de mágico. Es solo un conjunto de tecnologías útiles, algunas de las cuales podrían cambiar el mundo, al igual que hicieron en su momento los relojes, los estribos, las máquinas a vapor y los teléfonos. Comprender esto es un poco doloroso para aquellos de nosotros que escogimos ser investigadores de IA motivados por esa magia, aquellos que queríamos —y que, en algún sentido, todavía queremos— comprender la mente creando mentes con computadores. De hecho, hay muchas tecnologías interesantes por desarrollar y fenómenos por entender. Lo que no hay es un gran misterio por resolver.

En cuanto a la *IAG*, creo que el término solo es apropiado para referirse a una dirección en particular de la investigación de IA, la que va hacia una mayor generalidad. Los pronósticos acerca de cuándo alcanzaremos la IAG, o de si alguna vez lo lograremos, no tienen sentido a causa de la falta de buenas definiciones. De hecho, creo que sería mejor si todos dejáramos de hablar de la IAG, pues nos está desviando de las preguntas más importantes, que tienden a centrarse en aplicaciones particulares de la tecnología de IA y en sus consecuencias para la sociedad.

Aceptar que la inteligencia es un concepto más bien somero y que no hay nada mágico acerca de la IA nos permite ver la historia de la IA desde una nueva perspectiva. A lo largo de este libro, he analizado la IA como una serie de invenciones técnicas, motivadas por su capacidad de resolver problemas que requieren de inteligencia. Esta historia ha estado caracterizada —algunos dirían, plagada— por el problema de subir la vara, en el que establecemos una meta por la que trabajar y, cuando hemos desarrollado métodos de IA que logran esa meta, decimos que no es lo suficientemente buena y nos ponemos una meta más difícil. Y así, hemos subido la vara desde el ajedrez a los videojuegos, pasando por el Go, y desde la detección de un objeto único hasta la segmentación de imágenes y la identificación de objetos múltiples en fotografías de baja calidad. Como se suele decir, la IA es solo ciencia de la computación que, en realidad, todavía no funciona y, cuando lo hace, ya no es IA.

El punto de vista alternativo es que la historia de la IA corresponde a una larga deconstrucción del concepto de inteligencia. Esto transcurre del siguiente modo: alguien afirma con confianza que algo —digamos, planificar, crear imágenes o traducir— es un sello distintivo de inteligencia real. La comunidad de investigadores halla una forma para alcanzar dicho hito usando algún método nuevo o antiguo de IA. Luego, observamos la tarea original y decimos que en realidad no requería inteligencia, porque después de todo se podía hacer con simple computación. Por lo tanto, necesitamos encontrar otro hito que de verdad requiera inteligencia. Y volvemos a hacer esto una y otra vez, socavando el concepto de inteligencia. La tarea terminará cuando ya no podamos encontrar nada más que podamos afirmar que requiere inteligencia y que no podamos hacer que un computador realice tan bien como nosotros. El concepto de inteligencia se volverá, entonces, inútil, excepto en el uso coloquial del término. En ese punto, puede que queramos o no afirmar que hemos logrado la IAG.

En el genial artículo "Computing Machinery and Intelligence" (Maquinaria computacional e inteligencia) escrito por Alan Turing en 1950, donde se propone el Test de Turing y que ha sido la piedra angular para generaciones de investigadores de IA, Turing intenta responder la pregunta "¿Pueden pensar las máquinas?".[1] Al final del artículo, habiendo desarrollado muchos argumentos para diferentes posturas sobre la pregunta, él asevera que la pregunta original es "carece casi completamente de sentido como para que amerite discusión". En otras palabras, al analizar cuidadosamente la pregunta, se descubre que está mal planteada. Creo que también es el caso para la pregunta de si lograremos alguna vez la inteligencia artificial general y de cuándo ocurriría esto.

GLOSARIO

Ajuste fino

El entrenamiento de un modelo posterior al preentrenamiento. Por lo general, el ajuste fino ocurre con un conjunto más pequeño y específico de datos, lo que vuelve al modelo más adecuado para una tarea específica.

Algoritmo del descenso de gradiente

El método más común para entrenar redes neuronales. Compara la salida de la red neuronal con la salida correcta (la etiqueta) y ajusta las ponderaciones de la red neuronal para que la salida pueda mejorar levemente hacia la etiqueta. Hacer esto muchas veces con un gran número de instancias de datos lleva a que la red gradualmente aprenda a producir las salidas correctas.

Algoritmo evolutivo

Un algoritmo inspirado en la evolución darwiniana. En un algoritmo evolutivo, se tiene una población de soluciones, y mientras las mejores soluciones se mantienen (de acuerdo con una función de adaptación), las que no son tan buenas son reemplazadas por las mutaciones de las mejores.

Aprendizaje autosupervisado

Es un tipo de aprendizaje automático en el que un modelo predice datos sin etiquetas. Por ejemplo, el modelo puede predecir el siguiente carácter de un texto o aprender a reconstruir imágenes con ruido. El aprendizaje autosupervisado puede considerarse como tal si se asume que los datos de entrada son sus propias etiquetas.

Aprendizaje por refuerzo

Es un tipo de aprendizaje automático en el que un agente aprende interactuando con el mundo y recibiendo recompensas (positivas o negativas) por sus acciones. Básicamente, es una formalización del aprendizaje por ensayo y error.

Aprendizaje supervisado

Es un tipo de aprendizaje automático en el que se entrena un modelo para predecir las etiquetas de los datos basándose en las entradas (o características). Requiere un conjunto de datos con instancias etiquetadas. Por ejemplo, una instancia puede tener entradas correspondientes a información demográfica sobre una persona, y la etiqueta referirse a si esa persona compraría un auto usado o no. En este sentido, el aprendizaje supervisado puede utilizarse para aprender a predecir qué personas comprarán un auto usado.

Búsqueda en árbol de decisión

Es una clase de métodos de búsqueda que parten de un estado inicial y exploran de manera sistemática el espacio de posibles estados futuros que resultan de realizar acciones. La planificación clásica en inteligencia artificial se basa en algoritmos de búsqueda en árboles de decisión, al igual que los algoritmos clásicos de videojuegos.

Cociente intelectual (CI)

Un puntaje medido por una de las distintas pruebas llamadas pruebas de inteligencia. Dependiendo de la prueba particular que se utilice, el puntaje podría enfatizar la habilidad de resolver puzles, las habilidades de vocabulario, lingüística y numérica, o el conocimiento factual. Los puntajes de CI usualmente se normalizan y se ajustan a la edad, de modo que el puntaje promedio es cien para cualquier grupo etario.

Consciencia

Un término con muchas definiciones. Consciencia funcional o de acceso se refiere en términos sencillos a las representaciones generales de la información dentro de una mente. La consciencia fenomenológica se refiere a alguien (o algo) que tiene experiencias. Hay muchas otras formas de dividir el concepto de consciencia, así como un activo debate sobre qué tipos de conciencia implican otros.

Etología

El estudio de la conducta animal. La etología moderna estudia la conducta y cognición animal en el contexto del nicho al que está adaptada la especie animal.

Inteligencia

Un concepto algo difuso, entendido, entre otros, como nuestra habilidad para hacer cosas, nuestro conocimiento y comprensión del mundo, y nuestra capacidad para aprender cosas nuevas.

Inteligencia artificial (IA)

Un campo de investigación que estudia cómo construir tecnología que realice tareas que actualmente solo los seres humanos pueden. También, cualquiera de las bastantes distintas tecnologías que se originan dentro de ese campo.

Inteligencia artificial general (IAG)

Un sistema de IA que tiene considerablemente mayores capacidades generales que cualquier sistema hasta ahora. O, alternativamente, un sistema de IA que es capaz de realizar las tareas más económicamente valiosas que realizan los seres humanos.

Modelo

Este es un término sobrecargado. En el contexto del aprendizaje automático, un modelo es algo que se entrena a partir de datos (o interacciones) y luego se utiliza para producir predicciones o acciones. Ejemplos incluyen una red neuronal, un árbol de decisión o una máquina de vectores de soporte.

Modelo de difusión

Una red neuronal que puede generar imágenes o algunas veces tipos de contenidos, como figuras en tres dimensiones. Un modelo de difusión está entrenado para eliminar, en pequeños pasos, el ruido de imágenes ruidosas. Cuando esto se hace sobre ruido completo, se pueden generar nuevas imágenes que correspondan con los prompts.

Modelo de lenguaje de gran tamaño (LLM)

Una red neuronal grande, por lo general un transformador, que ha sido entrenada con una gran cantidad de texto (y usualmente con código de programa también). El entrenamiento se basa simplemente en ordenarle al LLM que prediga el siguiente token (letra o parte de palabra) en un texto. El LLM entrenado luego se puede utilizar para generar texto, y resulta que muchas tareas se pueden expresar como problemas de generación de texto.

Modelo fundacional

Es un modelo de aprendizaje automático típicamente de gran tamaño que se puede utilizar para distintas tareas, ya sea con prompts o haciendo ajuste fino, entre otros. Por ejemplo, un modelo de difusión tal como Stable Difussion se puede utilizar para generar imágenes, así como para editarlas y cambiar sus estilos visuales.

Nicho

En ecología, corresponde al papel que desempeña un organismo dentro de una comunidad. Esto incluye el entorno físico en el que habita y cómo interactúa con otras especies. A través de la evolución, una especie se adapta a su nicho o nichos particulares, lo que abarca aspectos tanto cognitivos y conductuales como físicos.

Preentrenamiento

Es el entrenamiento inicial de un modelo, que crea conceptos y una base de conocimientos que luego se pueden aprovechar al ajustarse finamente.

Prompt

El texto dado como entrada a un modelo de lenguaje de gran tamaño o a un generador de imágenes, como un modelo de difusión.

Red adversarial generativa (GAN)

Un tipo de red neuronal que puede generar imágenes. Cuando se entrena una GAN, se utilizan dos redes: el generador y el discriminador. El generador trata de generar nuevas imágenes que puedan pasar como reales de acuerdo con el discriminador, y el discriminador trata de separar las imágenes reales de las generadas.

Red neuronal

Es un tipo de modelo de aprendizaje automático vagamente inspirado en los cerebros biológicos. En la práctica, una red neuronal toma la forma de varias matrices grandes de números que se multiplican de diversas maneras. Tanto la entrada como la salida de la red se representan como números que pueden corresponder a texto, píxeles u otros formatos. La red neuronal puede entrenarse mediante el algoritmo del descenso del gradiente o algún otro, como un algoritmo evolutivo.

Transformador

Es una arquitectura de red neuronal que subyace la mayoría de las arquitecturas de grandes modelos de lenguaje. Los transformadores son modelos secuenciales que toman secuencias de "tokens" (que pueden ser partes de palabras, partes de imágenes o cualquier otra cosa) como entrada y a partir de ello producen nuevos tokens. Utilizan una técnica llamada autoatención para correlacionar tokens en partes muy diferentes de la entrada.

NOTAS

Capítulo 1

1. Bill Gates, "The Age of AI Has Begun", *GatesNotes* (blog), 21 de marzo de 2023, https://www.gatesnotes.com/The-Age-of-AI-Has-Begun.
2. Glenn Hunter, "Exclusive Q&A: John Carmack's 'Different Path' to Artificial General Intelligence", Dallas Innovates, 2 de febrero de 2023, https://dallasin novates.com/exclusive-qa-john-carmacks-different-path-to-artificial-general -intelligence/.
3. Murray Shanahan, *The Technological Singularity* (Cambridge, MA: MIT Press, 2015).
4. Ben Goertzel, "Artificial General Intelligence: Concept, State of the Art, and Future Prospects", *Journal of Artificial General Intelligence* 5, n.° 1 (2014): 1.
5. Shane Legg y Marcus Hutter, "A Collection of Definitions of Intelligence", *Frontiers in Artificial Intelligence and Applications* 157 (2007): 17.

Capítulo 2

1. M. Mitchell Waldrop, *The Dream Machine* (Toronto: Stripe Press, 2018).
2. Alfred North Whitehead y Bertrand Russell, *Principia Mathematica* (Cambridge: Cambridge University Press, 1910).
3. Allen Newell y Herbert Simon, "The Logic Theory Machine — a Complex Information Processing System", *IRE Transactions on Information Theory* 2, n.° 3 (1956): 61-79.
4. T. Anthony Marsland, "A Review of Game-Tree Pruning", *ICGA Journal* 9, n.° 1 (1986): 3-19.
5. Nathan Ensmenger, "Is Chess the Drosophila of Artificial Intelligence? A Social History of an Algorithm", *Social Studies of Science* 42, n.° 1 (2012): 5-30.
6. Murray Campbell, A. Joseph Hoane Jr. y Feng-hsiung Hsu, "Deep Blue", *Artificial Intelligence* 134, n.° 1-2 (2002): 57-83.
7. Garry Kasparov, *Deep Thinking: Where Machine Intelligence Ends and Human Creativity Begins* (Londres: John Murray, 2017).

8. David Silver et al., "Mastering the Game of Go with Deep Neural Networks and Tree Search", *Nature* 529, n.° 7587 (2016): 484-489.
9. Elizabeth Gibney, "Go Players React to Computer Defeat", *Nature*, enero de 2016, 24.
10. El motor de ajedrez Stockfish fue creado por Tord Romstad, Marco Costalba y Joona Kiiski. Se encuentra disponible de manera gratuita en stockfishchess.org.
11. David A. Forsyth yJean Ponce, *Computer Vision: A Modern Approach* (Englewood Cliffs, NJ: Prentice Hall, 2002).
12. Jia Deng et al., "ImageNet: A Large-Scale Hierarchical Image Database", en *Proceedings of the IEEE/CVF Conference on Computer Vision and Pattern Recognition* (IEEE, 2009), 248-255.
13. Alex Krizhevsky, Ilya Sutskever y Geoffrey E. Hinton, "ImageNet Classification with Deep Convolutional Neural Networks", *Communications of the ACM* 60, n.° 6 (2017): 84-90.
14. Chris M. Bishop, "Neural Networks and Their Applications", *Review of Scientific Instruments* 65, n.° 6 (1994): 1803-1832.
15. Yann LeCun, Yoshua Bengio y Geoffrey Hinton, "Deep Learning", *Nature* 521, n.° 7553 (2015): 436-444.
16. Simon Kornblith, Jonathon Shlens y Quoc V. Le, "Do Better ImageNet Models Transfer Better?", en *Proceedings of the IEEE/CVF Conference on Computer Vision and Pattern Recognition* (IEEE, 2019), 2661-2671.
17. John Nickolls y William J. Dally, "The GPU Computing Era", *IEEE Micro* 30, n.° 2 (2010): 56-69.

Capítulo 3

1. Edwin G. Boring, "Intelligence as the Tests Test It", *New Republic* 36 (1923): 35-37.
2. Robert M. Thorndike, "The Early History of Intelligence Testing", en *Contemporary Intellectual Assessment: Theories, Tests, and Issues*, ed. D. P. Flanagan, J. L. Genshaft y P. L. Harrison (Nueva York: Guilford Press, 1997), 3-16.
3. Gale H. Roid y Mark Pomplun, *The Stanford-Binet Intelligence Scales* (Nueva York: Guilford Press, 2012).
4. Kevin S. McGrew, "The Cattell-Horn-Carroll Theory of Cognitive Abilities: Past, Present, and Future", en *Contemporary Intellectual Assessment: Theories, Tests, and Issues*, 2ª ed., ed. D. P. Flanagan y P. L. Harrison (Nueva York: Guilford Press, 2005), 136-181.
5. W. Joel Schneider y Kevin S. McGrew, "The Cattell-Horn-Carroll Theory of Cognitive Abilities", en *Contemporary Intellectual Assessment: Theories, Tests,*

and Issues, 4ª ed., ed. Dawn P. Flanagan y Erin M. McDonough (Nueva York: Guilford Press, 2018), 73-163.
6. John L. Horn y Raymond B. Cattell, "Age Differences in Fluid and Crystallized Intelligence", *Acta Psychologica* 26 (1967): 107-129.
7. Kevin J. Mitchell, *Innate: How the Wiring of Our Brains Shapes Who We Are* (Princeton, NJ: Princeton University Press, 2020).
8. Nassim Nicholas Taleb, "Statistical Consequences of Fat Tails: Real World Preasymptotics, Epistemology, and Applications", arXiv preprint, 2020, arXiv: 2001.10488.
9. Antonio R. Damasio, *Descartes' Error* (Nueva York: Random House, 2006).
10. Howard E. Gardner, *Frames of Mind: The Theory of Multiple Intelligences* (Nueva York: Basic Books, 2011).
11. George Miller, "Varieties of Intelligence", *New York Times Book Review*, 25 de diciembre de 1983, 5-25.
12. George Graham, "Behaviorism", *Stanford Encyclopedia of Philosophy* (2000), https://plato.stanford.edu/entries/behaviorism/.
13. Ivan Petrovich Pavlov, *Conditioned Reflexes: An Investigation of the Physiological Activity of the Cerebral Cortex*, ed. y trad. G. V. Anrep (1927; reimpr., Nueva York: Boyer, 1960).
14. Burrhus Frederic Skinner, "'Superstition' in the Pigeon", *Journal of Experimental Psychology* 38, n.° 2 (1948): 168.
15. John Garcia y Robert A. Koelling, "Relation of Cue to Consequence in Avoidance Learning", *Psychonomic Science* 4 (1966): 123-124.
16. Frans de Waal, *Are We Smart Enough to Know How Smart Animals Are?* (Nueva York: W. W. Norton, 2016).
17. Christopher Flynn Martin et al., "Chimpanzee Choice Rates in Competitive Games Match Equilibrium Game Theory Predictions", *Scientific Reports* 4, n.° 1 (2014): 1-6.
18. Walter T. Herbranson, "Pigeons, Humans, and the Monty Hall Dilemma", *Current Directions in Psychological Science* 21, n.° 5 (2012): 297-301.
19. Jan K. Tornick et al., "Clark's Nutcrackers (*Nucifraga columbiana*) Use Gestures to Identify the Location of Hidden Food", *Animal Cognition* 14 (2011): 117-125.
20. Ed Yong, *An Immense World: How Animal Senses Reveal the Hidden Realms around Us* (Knopf Canada, 2022).
21. Peter Godfrey-Smith, *Other Minds: The Octopus, the Sea, and the Deep Origins of Consciousness* (Nueva York: Farrar, Straus and Giroux, 2016).
22. John Alcock, *Animal Behavior: An Evolutionary Approach* (Sunderland, MA: Sinauer Associates, 2009).

23. Juliane Brauer et al., "Old and New Approaches to Animal Cognition: There Is Not 'One Cognition'", *Journal of Intelligence* 8, n.° 3 (2020): 28.

Capítulo 4

1. Alan Turing, "Computing Machinery and Intelligence", *Mind* 59, n.° 236 (1950): 433.
2. Joseph Weizenbaum, "ELIZA — a Computer Program for the Study of Natural Language Communication between Man and Machine", *Communications of the ACM* 9, n.° 1 (1966): 36-45.
3. Richard S. Sutton y Andrew G. Barto, *Reinforcement Learning: An Introduction* (Cambridge, MA: MIT Press, 1998).
4. D. H. Wolpert y W. G. Macready, "Coevolutionary Free Lunches", *IEEE Transactions on Evolutionary Computation* 9, n.° 6 (2005): 721-735.
5. Stavros P. Adam et al., "No Free Lunch Theorem: A Review", en *Approximation and Optimization: Algorithms, Complexity and Applications*, ed. Ioannis C. Demetriou y Panos M. Pardalos (Cham, Suiza: Springer, 2019), 57-82.
6. Shane Legg y Marcus Hutter, "Universal Intelligence: A Definition of Machine Intelligence", *Minds and Machines* 17 (2007): 391-444.
7. Marcus Hutter, *Universal Artificial Intelligence: Sequential Decisions Based on Algorithmic Probability* (Berlín: Springer Science & Business Media, 2004).
8. Yinon M. Bar-On, Rob Phillips y Ron Milo, "The Biomass Distribution on Earth", *Proceedings of the National Academy of Sciences* 115, n.° 25 (2018): 6506-6511.
9. Francois Chollet, "On the Measure of Intelligence", arXiv preprint, 2019, arXiv:1911.01547.
10. Bas Steunebrink, Jerry Swan y Eric Nivel, "The Holon System: Artificial General Intelligence as 'Work on Command,'" *Proceedings of the Third International Workshop on Self- Supervised Learning* 192 (2022): 120-126.

Capítulo 5

1. Nick Bostrom, *Superintelligence: Paths, Dangers, Strategies* (Nueva York: Oxford University Press, 2014).
2. Gary Marcus y Ernest Davis, *Rebooting AI: Building Artificial Intelligence We Can Trust* (Nueva York: Vintage, 2019).
3. Capítulo 6
4. Stuart J. Russell, *Artificial Intelligence: A Modern Approach* (Londres: Pearson Education, 2010).

5. James Moor, "The Dartmouth College Artificial Intelligence Conference: The Next Fifty Years", *AI Magazine* 27, n.° 4 (2006): 87-91.
6. Bruce G. Buchanan y Reid G. Smith, "Fundamentals of Expert Systems", *Annual Review of Computer Science* 3, n.° 1 (1988): 23-58.
7. Douglas B. Lenat et al., "Cyc: Toward Programs with Common Sense", *Communications of the ACM* 33, n.° 8 (1990): 30-49.
8. Nils J. Nilsson, ed., *Shakey the Robot*, Technical Note 323 (Menlo Park, CA: AI Center, SRI International, 1984).
9. Ronald C. Arkin, *Behavior-Based Robotics* (Cambridge, MA: MIT Press, 1998).
10. Stevan Harnad, "The Symbol Grounding Problem", *Physica D: Nonlinear Phenomena 42, nrs.* 1-3 (1990): 335-346.
11. Thomas M. Mitchell, *Machine Learning* (Nueva York: McGraw Hill, 1997).
12. David E. Rumelhart, Geoffrey E. Hinton y Ronald J. Williams, "Learning Representations by Back-Propagating Errors", *Nature* 323, n.° 6088 (1986): 533-536.
13. Ian Goodfellow, Yoshua Bengio y Aaron Courville, *Deep Learning* (Cambridge, MA: MIT Press, 2016).
14. Wenyi Zhao et al., "Face Recognition: A Literature Survey", *ACM Computing Surveys (CSUR)* 35, n.° 4 (2003): 399-458.
15. Jonathan Masci et al., "Stacked Convolutional Auto-encoders for Hierarchical Feature Extraction", en *Artificial Neural Networks and Machine Learning — ICANN 2011: 21st International Conference on Artificial Neural Networks, Espoo, Finland, 14-17 de junio de 2011, Proceedings*, parte I (Berlín: Springer, 2011), 52-59.
16. Felipe Codevilla et al., "End-to-End Driving via Conditional Imitation Learning", en *2018 IEEE International Conference on Robotics and Automation (ICRA)* (IEEE, 2018), 4693-4700.
17. Dean A. Pomerleau, "Alvinn: An Autonomous Land Vehicle in a Neural Network", *Advances in Neural Information Processing Systems* 1 (1988): 305-313.
18. Arthur L. Samuel, "Some Studies in Machine Learning Using the Game of Checkers", *IBM Journal of Research and Development* 3, n.° 3 (1959): 210229.
19. Richard S. Sutton y Andrew G. Barto, *Reinforcement Learning: An Introduction* (Cambridge, MA: MIT Press, 2018).
20. Gerald Tesauro, "TD-Gammon, a Self-Teaching Backgammon Program, Achieves Master-Level Play", *Neural Computation* 6, n.° 2 (1994): 215-219.
21. Volodymyr Mnih et al., "Human-Level Control through Deep Reinforcement Learning", *Nature* 518, n.° 7540 (2015): 529-533.
22. Thomas Elsken, Jan Hendrik Metzen, and Frank Hutter, "Neural Architecture Search: A Survey", *Journal of Machine Learning Research* 20, n.° 1 (2019): 1997-2017.

23. Niels Justesen et al., "Deep Learning for Video Game Playing", *IEEE Transactions on Games* 12, n.° 1 (2019): 1-20.
24. Chiyuan Zhang et al., "A Study on Overfitting in Deep Reinforcement Learning", arXiv preprint, 2018, arXiv:1804.06893.
25. Gregory Hornby et al., "Automated Antenna Design with Evolutionary Algorithms" (artículo presentado en *Space 2006*, San Jose, CA, 19-21 de septiembre de 2006); Julian Togelius et al., "Search-Based Procedural Content Generation: A Taxonomy and Survey", *IEEE Transactions on Computational Intelligence and AI in Games* 3, n.° 3 (2011): 172-186; Razieh Saremi et al., "An Evolutionary Algorithm for Task Scheduling in Crowdsourced Software Development", arXiv preprint, 2021, arXiv:2107.02202; Stefano Nolfi y Dario Floreano, *Evolutionary Robotics: The Biology, Intelligence, and Technology of Self- Organizing Machines* (Cambridge, MA: MIT Press, 2000).
26. Marvin L. Minsky, "Logical versus Analogical or Symbolic versus Connectionist or Neat versus Scruffy", *AI Magazine* 12, n.° 2 (1991): 34-51.
27. David Silver et al., "Mastering the Game of Go with Deep Neural Networks and Tree Search", *Nature* 529, n.° 7587 (2016): 484-489.

Capítulo 7

1. Mark A. Kramer, "Nonlinear Principal Component Analysis Using Autoassociative Neural Networks", *Aiche Journal* 37, n.° 2 (1991): 233-243.
2. Ian Goodfellow et al., "Generative Adversarial Networks", *Communications of the ACM* 63, n.° 11 (2020): 139-144.
3. Tero Karras et al., "Analyzing and Improving the Image Quality of Stylegan", en *Proceedings of the IEEE/CVF Conference on Computer Vision and Pattern Recognition* (IEEE, 2020), 8110-8119.
4. Aditya Ramesh et al., "Zero-Shot Text-to-Image Generation", en *International Conference on Machine Learning* (PMLR, 2021), 8821-8831; Jascha Sohl-Dickstein et al., "Deep Unsupervised Learning Using Nonequilibrium Thermodynamics", en *International Conference on Machine Learning* (PMLR, 2015), 2256-2265; Jonathan Ho, Ajay Jain y Pieter Abbeel, "Denoising Diffusion Probabilistic Models", *Advances in Neural Information Processing Systems* 33 (2020): 6840-6851.
5. Robin Rombach et al., "High-Resolution Image Synthesis with Latent Diffusion Models", en *Proceedings of the IEEE/CVF Conference on Computer Vision and Pattern Recognition* (IEEE, 2022), 10684-10695.
6. Sebastien Bubeck et al., "Sparks of Artificial General Intelligence: Early Experiments with GPT-4", arXiv preprint, 2023, arXiv:2303.12712.

7. C. E. Shannon, "A Mathematical Theory of Communication", *Bell System Technical Journal* 27, n.° 3 (1948): 379-423.
8. Geoffrey E. Hinton, *Connectionist Symbol Processing* (Cambridge, MA: MIT Press, 1991).
9. Jeffrey L. Elman, "Finding Structure in Time", *Cognitive Science* 14, n.° 2 (1990): 179-211.
10. Sepp Hochreiter y Jurgen Schmidhuber, "Long Short-Term Memory", *Neural Computation* 9, n.° 8 (1997): 1735-1780.
11. Ashish Vaswani et al., "Attention Is All You Need", *Advances in Neural Information Processing Systems* 30 (2017).
12. Alec Radford et al., "Language Models Are Unsupervised Multitask Learners", *OpenAI Blog* 1, n.° 8 (2019): 9.
13. Tom Brown et al., "Language Models Are Few-Shot Learners", *Advances in Neural Information Processing Systems* 33 (2020): 1877-1901.
14. Jason Wei et al., "Finetuned Language Models Are Zero-Shot Learners", arXiv preprint, 2021, arXiv:2109.01652.
15. Long Ouyang et al., "Training Language Models to Follow Instructions with Human Feedback", *Advances in Neural Information Processing Systems* 35 (2022): 27730-27744.
16. OpenAI, "GPT-4 Technical Report", arXiv preprint, 2023, arXiv:2303.08774.
17. Michael Ahn et al., "Do as I Can, Not as I Say: Grounding Language in Robotic Affordances", arXiv preprint, 2022, arXiv:2204.01691.
18. Toran Bruce Richards, "Auto-GPT: An Autonomous GPT-4 Experiment" (2023), https://github.com/Significant-Gravitas/AutoGPT.
19. Sebastien Bubeck et al., "Sparks of Artificial General Intelligence: Early Experiments with GPT-4", arXiv preprint, 2023, arXiv:2303.12712.
20. R. Thomas McCoy et al., "Embers of Autoregression: Understanding Large Language Models through the Problem They Are Trained to Solve", arXiv preprint, 2023, arXiv:2309.13638.

Capítulo 8

1. Richard Dawkins, *The Blind Watchmaker: Why the Evidence of Evolution Reveals a Universe without Design* (Nueva York: W. W. Norton, 1996).
2. Agoston E. Eiben y James E. Smith, *Introduction to Evolutionary Computing* (Berlín: Springer, 2015).
3. Christopher G. Langton, ed., *Artificial Life: An Overview* (Cambridge, MA: MIT Press, 1997).
4. Mark A. Bedau, "Artificial Life", en *Philosophy of Biology* (Ámsterdam: North-Holland, 2007), 585-603.

5. Nils Aall Barricelli, "Numerical Testing of Evolution Theories: Part I; Theoretical Introduction and Basic Tests", *Acta Biotheoretica* 16, n.° 1-2 (1962): 69-98.
6. Thomas S. Ray, "Evolution and Optimization of Digital Organisms", en *Scientific Excellence in Supercomputing: The IBM 1990 Contest Prize Papers*, ed. K. R. Billingsley, E. Derohanes y H. Brown III (Athens, GA: Baldwin Press, University of Georgia, 1991).
7. Richard Dawkins y John Richard Krebs, "Arms Races between and within Species", *Proceedings of the Royal Society of London B: Biological Sciences* 205, n.° 1161 (1979): 489-511.
8. W. Daniel Hillis, "Co-evolving Parasites Improve Simulated Evolution as an Optimization Procedure", *Physica D: Nonlinear Phenomena* 42, n.° 1-3 (1990): 228-234.
9. Dario Floreano y Stefano Nolfi, "God Save the Red Queen! Competition in Co-evolutionary Robotics", en *Proceedings of the 2nd Annual Conference on Genetic Programming* (Burlington, MA: Morgan Kaufmann, 1997).
10. Kenneth O. Stanley y Risto Miikkulainen, "Competitive Coevolution through Evolutionary Complexification", *Journal of Artificial Intelligence Research* 21 (2004): 63-100.
11. Christopher D. Rosin y Richard K. Belew, "New Methods for Competitive Coevolution", *Evolutionary Computation* 5, n.° 1 (1997): 1-29.
12. Julian Togelius, "AI Researchers, Video Games Are Your Friends!", in *Computational Intelligence: International Joint Conference, IJCCI 2015 Lisbon, Portugal, 12-14 de noviembre de 2015, Revised Selected Papers* (Berlín: Springer International Publishing, 2017), 3-18.
13. Julian Togelius, *Playing Smart: On Games, Intelligence, and Artificial Intelligence* (Cambridge, MA: MIT Press, 2019).
14. Ralph Koster, *Theory of Fun for Game Design* (Scottsdale, AZ: Paraglyph Press, 2005).
15. Frank Lantz et al., "Depth in Strategic Games", en *AAAI Workshops* (Washington, DC: AAAI, 2017).
16. Volodymyr Mnih et al., "Human-Level Control through Deep Reinforcement Learning", *Nature* 518, n.° 7540 (2015): 529-533.
17. Chiyuan Zhang et al., "A Study on Overfitting in Deep Reinforcement Learning", arXiv preprint, 2018, arXiv:1804.06893.
18. Karl Cobbe et al., "Quantifying Generalization in Reinforcement Learning", en *International Conference on Machine Learning* (PMLR, 2019), 1282-1289.
19. Diego Perez-Liebana et al., "General Video Game AI: A Multitrack Framework for Evaluating Agents, Games, and Content Generation Algorithms", *IEEE Transactions on Games* 11, n.° 3 (2019): 195-214.

20. Niels Justesen et al., "Illuminating Generalization in Deep Reinforcement Learning through Procedural Level Generation", *AAAI Workshop on Reinforcement Learning in Games* (2018).
21. Noor Shaker, Julian Togelius y Mark J. Nelson, *Procedural Content Generation in Games* (Berlín: Springer, 2016).
22. Cameron Browne y Frederic Maire, "Evolutionary Game Design", *IEEE Transactions on Computational Intelligence and AI in Games* 2, n.° 1 (2010): 1-16.
23. Julian Togelius y Jurgen Schmidhuber, "An Experiment in Automatic Game Design", en *2008 IEEE Symposium on Computational Intelligence and Games* (IEEE, 2008), 111-118; Thorbj0rn S. Nielsen et al., "Towards Generating Arcade Game Rules with VGDL", en *2015 IEEE Conference on Computational Intelligence and Games (CIG)* (IEEE, 2015), 185-192.
24. Jakob Bauer et al., "Human-Timescale Adaptation in an Open-Ended Task Space", arXiv preprint, 2023, arXiv:2301.07608.

Capítulo 9

1. Anita Avramides, "Other Minds", in *The Stanford Encyclopedia of Philosophy*, ed. Edward N. Zalta (edición invierno 2020), https://plato.stanford.edu/entries /other-minds/.
2. David J. Chalmers, *The Conscious Mind: In Search of a Fundamental Theory* (Nueva York: Oxford University Press, 1997).
3. Thomas Nagel, "What Is It Like to Be a Bat?", *Philosophical Review* 83, nr. 4 (1974): 435-450.
4. Michael A. Cohen y Daniel C. Dennett, "Consciousness Cannot Be Separated from Function", *Trends in Cognitive Sciences* 15, n.° 8 (2011): 358-364.
5. John Jamieson Carswell Smart, "The Content of Physicalism", *Philosophical Quarterly* 28, n.° 113 (1978): 339-341.
6. Ned J. Block, "Functionalism", en *Studies in Logic and the Foundations of Mathematics*, vol. 104 (Ámsterdam: Elsevier, 1982), 519-539.
7. David J. Chalmers, "Absent Qualia, Fading Qualia, Dancing Qualia", en *Conscious Experience*, ed. Thomas Metzinger (Paderborn: Ferdinand Schoningh, 1995), 309-328.
8. David J. Chalmers, "Could a Large Language Model Be Conscious?", *Boston Review*, 9 de agosto de 2023.
9. Patrick Butlin et al., "Consciousness in Artificial Intelligence: Insights from the Science of Consciousness", arXiv preprint, 2023, arXiv:2308.08708.

Capítulo 10

1. Irving John Good, "Speculations Concerning the First Ultraintelligent Machine", en *Advances in Computers*, vol. 6 (Ámsterdam: Elsevier, 1966), 31-88.
2. Nick Bostrom, *Superintelligence: Paths, Dangers, Strategies* (Nueva York: Oxford University Press, 2014).
3. David J. Chalmers, "The Singularity: A Philosophical Analysis", *Journal of Consciousness Studies* 17, n.° 9-10 (2010): 7-65.
4. Stephen Hawking, *Brief Answers to the Big Questions* (Nueva York: Bantam, 2018).
5. "Statement on AI Risk", Center for AI Safety, fecha de acceso 21 de marzo de 2024, https://www.safe.ai/statement-on-ai-risk.
6. Nick Bostrom, "Ethical Issues in Advanced Artificial Intelligence", en *Cognitive, Emotive and Ethical Aspects of Decision Making in Humans and in Artificial Intelligence*, vol. 2, ed. I. Smit et al. (Tecumseh, Ontario: International Institute of Advanced Studies in Systems Research and Cybernetics, 2003), 12-17.

Capítulo 11

1. Peter Stone et al., "Artificial Intelligence and Life in 2030: The One Hundred Year Study on Artificial Intelligence", arXiv preprint, 2022, arXiv:2211.06318.
2. Iain M. Banks, *The Player of Games* (Nueva York: Macmillan, 1988).
3. Hans Moravec, *Mind Children: The Future of Robot and Human Intelligence* (Cambridge, MA: Harvard University Press, 1988).
4. James Bessen, *Learning by Doing: The Real Connection between Innovation, Wages, and Wealth* (New Haven, CT: Yale University Press, 2015).
5. Jacob Goldstein, "How the Electronic Spreadsheet Revolutionized Business", NPR, 27 de febrero de 2015, https://www.npr.org/2015/02/27/389585340 / how-the-electronic-spreadsheet-revolutionized-business.
6. Jennifer Smith, "Self-Driving Technology Threatens Nearly 300,000 Trucking Jobs, Report Says", *Wall Street Journal*, 4 de septiembre de 2018.
7. Rick Rubin, "Star Power/Hide and Seek/The Guru", entrevistado por Anderson Cooper, *60 Minutes*, CBS, 15 de enero de 2023.
8. Tomas Mikolov et al., "Efficient Estimation of Word Representations in Vector Space", arXiv preprint, 2013, arXiv:1301.3781.
9. Aylin Caliskan, Joanna J. Bryson y Arvind Narayanan, "Semantics Derived Automatically from Language Corpora Contain Human-Like Biases", *Science* 356, n.° 6334 (2017): 183-186.

10. Luhang Sun et al., "Smiling Women Pitching Down: Auditing Representational and Presentational Gender Biases in Image Generative AI", arXiv preprint, 2023, arXiv:2305.10566.
11. Kate Crawford, "The Trouble with Bias" (discurso principal en la Conferencia NeurIPS, 5 de diciembre de 2017, https://youtu.be/fMym_BKWQzk?si=RdPKdDA8xuIxnKY1).
12. Jiawen Deng et al., "Recent Advances towards Safe, Responsible, and Moral Dialogue Systems: A Survey", arXiv preprint, 2023, arXiv:2302.09270.
13. Tony Sun et al., "Mitigating Gender Bias in Natural Language Processing: Literature Review", arXiv preprint, 2019, arXiv:1906.08976.
14. Gary Marcus, "Hoping for the Best as AI Evolves", *Communications of the ACM 66*, n.° 4 (2023): 6-7.
15. Kailey Huang, "Why Pope Francis Is the Star of A.I.-Generated Photos", *New York Times*, 8 de abril de 2023, https://www.nytimes.com/2023/04/08/technology/ai-photos-pope-francis.html.
16. Philip Bontrager et al., "Deepmasterprints: Generating Masterprints for Dictionary Attacks via Latent Variable Evolution", en *2018 IEEE 9th International Conference on Biometrics Theory, Applications and Systems (BTAS)* (IEEE, 2018).

Capítulo 12

1. Alan Turing, "Computing Machinery and Intelligence", *Mind* 59, n.° 236 (1950): 433.

LECTURAS ADICIONALES

Chalmers, David J. *Reality+: Virtual Worlds and the Problems of Philosophy.* Londres: Penguin, 2022.

Chollet, Francois. *Deep Learning with Python.* 2da ed. Shelter Island, Nueva York: Manning, 2021.

Chollet, Francois. "On the Measure of Intelligence." arXiv prepublicación. 2019. https://arxiv.org/abs/1911.01547.

De Waal, Frans. *Are We Smart Enough to Know How Smart Animals Are?* Nueva York: W. W. Norton, 2016.

Li, Fei-Fei. *The Worlds I See: Curiosity, Exploration, and Discovery at the Dawn of AI.* Nueva York: Flatiron Books, 2023.

Marcus, Gary, y Ernest Davis. *Rebooting AI: Building Artificial Intelligence We Can Trust.* Nueva York: Pantheon, 2019.

Mitchell, Melanie. *Artificial Intelligence: A Guide for Thinking Humans.* Londres: Penguin, 2019.

Russell, Stuart J., y Peter Norvig. *Artificial Intelligence: A Modern Approach.* 4ta ed. Londres: Pearson, 2020.

Wooldridge, Michael. *A Brief History of Artificial Intelligence: What It Is, Where We Are, and Where We Are Going.* Nueva York: Flatiron Books, 2021.

ÍNDICE

W

Y

www.ingramcontent.com/pod-product-compliance
Lightning Source LLC
LaVergne TN
LVHW062353051026
849517LV00017B/2677
* 9 7 8 9 5 6 1 4 3 4 7 2 1 *